Peter Kulka
Bosch Haus Heidehof, Stuttgart

Text
Wolfgang Pehnt

Photographien / Photographs
Peter Walser

Edition Axel Menges

Herausgeber / Editor: Axel Menges

ISBN 3-930698-55-2

Druck und Bindearbeiten / Printing and binding: Daehan Printing & Publishing Co., Ltd. Sungnam, Korea

Übersetzung ins Englische / Translation into English: Michael Robinson
Design: Axel Menges

Inhalt

Contents

Wolfgang Pehnt
Eine Klassikervilla von heute

Was eine Villa ausmacht, hat der große Palladio bündig zusammengefaßt. Sie steht an einem heiteren, anmutigen, gesunden Standort. Sie gewährt der von den Geschäften der Stadt ermüdeten Seele Erfrischung und Trost. Sie erlaubt es, sich der Muße, den Unterhaltungen mit Freunden oder dem Studium der Wissenschaften zu widmen. Ein höher gelegener Bauplatz, möglichst an Hang und Fluß, verschafft im Sommer Kühlung und im ganzen Jahr einen schönen Ausblick. Im 15. oder 16. Jahrhundert war die Villa nicht nur Lustort, sondern auch landwirtschaftliche Produktionsstätte. Die Wohnung mußte daher die Übersicht über die Felder erlauben, so daß die Herrschaft ihre Besitzung fest im Blick hatte.[1]

Palladio am Lausbühl

Die Villa Bosch am Lausbühl, in der Stuttgarter Heidehofstraße, an der dem Talkessel abgewandten Seite der östlichen Randberge gelegen, erfüllt viele palladianische Wünsche.[2] Sie liegt in einem Park mit prächtigem Baumbestand, den ein Vorbesitzer, der königlich-württembergische Hofgartendirektor Friedrich Wilhelm Hackländer, angelegt hatte. Manche Exemplare in diesem Gartendenkmal haben sich bis heute erhalten, stehen unter Naturschutz und sind nach der Freilegung des verwilderten Parks, seiner Rundwege, Pergolen und Freisitze wieder als eindrucksvolle Zeugnisse gärtnerischer Leidenschaft zu bewundern.

Für den Gartenfreund Robert Bosch waren Park und anschließender Wiesenhang zweifellos ein Grund für den Erwerb des Grundstücks. Im Blickfeld lagen Weinberghäuschen, die oberitalienische oder toskanische Assoziationen wecken konnten. Noch die heutige dichtere Streubebauung der Hügelrücken, die ins Neckartal hinunterführen, erlaubt es, ohne allzuviel Anstrengung der Phantasie an die urbanisierten Landschaften der venezianischen Terra ferma oder der Toscana im Arnotal zu denken. Der Blick geht, wie in Palladios *Quattro Libri* vorgeschrieben, weit in die Ferne. Er reicht über die vielen Hügelkuppen und -rücken, über Cannstatt und die Ausläufer Esslingens, über Gasometer und Stadion, über die Trabantensiedlungen der Peripherie und den Asperg bis zu den Höhenzügen des Schwäbisch-Fränkischen Waldes. Eine von Boschs philantropischen Gründungen, das Robert-Bosch-Krankenhaus, konnte der Firmenchef auch von seinem Anwesen aus wahrnehmen. Palladios Forderung, dem Eigentümer müsse der kontrollierende Rundblick über seine Aktivitäten ermöglicht werden, war wenigstens zum Teil Genüge getan.

Wie bei Palladios Bauherren aus Venedig oder Padua diente auch bei Bosch die Villa, die er sich 1909/10 errichten ließ, nicht nur dem repräsentativen Wohnen. Ein so großer Bau erforderte zahlreiche hauswirtschaftliche Tätigkeiten und dementsprechendes Personal. Der Patriarch selbst experimentierte in Labor und Dunkelkammer und widmete sich einem ausgedehnten, ökologisch geführten Gartenbaubetrieb, dessen Gewächshäuser nordöstlich und südöstlich unterhalb der Parkterrasse standen. Obstbaumhaine und Spalierpflanzungen am Hang gehörten dazu und auch ein Tennisplatz. Mit Mauer und Torbau war das Areal vom oberen Herrschaftsbereich getrennt. Ein Teil davon wurde zum Bauplatz für den Neubau von 2003/04.

Nicht in allen Punkten entspricht die Lage der Villa Bosch dem Kriterienkatalog Palladios. Ein Fluß, der Neckar, ist nur in Sicht-, nicht in Reichweite. Aber es mußten ja auch nicht Erträge der Felder verschifft werden wie bei den Patriziergütern im venezianischen Hinterland. Gravierender sind die Orientierungsprobleme. Der Hang fällt nach Norden, die Straße führt im Süden an der Außenmauer entlang. So bleibt die straßenabgewandte Front des Hauses und mithin die prädestinierte Gartenfassade den ganzen Tag lang im Schatten. Eine geschützte sonnige Wohnterrasse *und* der Blick in die Weite waren nicht gleichzeitig zu haben. In Stuttgart wohnt man lieber an den Hängen, die zur Innenstadt hinabgleiten und entweder Morgen- oder Nachmittagssonne erhalten. Aber für Bosch waren Aussicht und Baumbestand offensichtlich unwiderstehliche Argumente für den Kauf des Grundstücks.

Als sich der Fabrikant von den Stuttgarter Architekten Carl Heim und Jakob Früh 1909 sein Haus in der Heidehofstraße entwerfen ließ, war der Typus der Villa von damals modernen Architekten und Theoretikern wie Hermann Muthesius bereits in Zweifel gezogen worden. Muthesius konfrontierte das Landhaus mit der Villa und zog das Landhaus vor, wie er es bei seinem mehrjährigen Aufenthalt in Großbritannien kennengelernt hatte. Das Landhaus neigte zur Horizontalität, entwickelte sich in bequemer Ausbreitung und war durch »ungebundenes Wesen« ausgezeichnet.[3] Die Villa dagegen gehorchte Konventionen, baute sich kompakt und vertikal auf, neigte zur symmetrischen Ordnung, bevorzugte historisch identifizierbare Stilkleider, verwendete hohe Räume, zeigte Fassade zur Straße, unabhängig von der Himmelsrichtung. Im Vergleich zum Landhaus war sie viel konzentrierter. Wirtschaftsräume, oftmals auch die Küche wurden ins Sockelgeschoß gesteckt. Repräsentationsräume lagen in Hochparterre oder Beletage. Der Architekturhistoriker Julius Posener fand die schöne Formel: »Das Landhaus *ist* etwas, die Villa *stellt* etwas *vor*.«[4]

Heim und Früh hatten auch das angelsächsisch inspirierte Landhaus im Repertoire. Wenn die Wahl auf eine italianisierende Villa fiel, so weil dem Bauherrn an einer formell-repräsentativen Lösung gelegen war. Der Bau sollte in der Tat »etwas vorstellen«. Bosch als dem Haupt einer bald weltweit operierenden Firma waren gesellschaftliche Verpflichtungen auferlegt. Wollte er dem ungeschriebenen Verhaltenskodex eines Großunternehmers entsprechen, benötigte er einen Wohnsitz mit entsprechenden Gesellschaftsräumen und dem nach außen dokumentierten Anspruch in den Formen. Zuvor hatte Bosch in einem behaglichen, informell geschnittenen, gotisierenden Haus im Stuttgarter Westen gelebt. Jetzt hieß es, das Opfer der Repräsentanz zu bringen. Immerhin: Es gibt Opfer, die schwerer zu erbringen sind, als eine opulente Villa in Vorzugslage zu bewohnen. Bosch selbst hat den Begriff Villa übrigens nicht benutzt.[5]

Für die Entwurfs- und Baujahre 1909/10 ist die Villa Bosch ein eher verspätetes Exemplar. Anderswo war der Renaissance-Kanon, auch bei zeremonielleren Lösungen, um diese Zeit bereits durch einen monumentalen Neoklassizismus nach Art der Zeit »um 1800« abgelöst. Heim und Früh leiten den Besucher durch ein triumphales, dreibogiges Parktor schräg auf eine doppelläufige Freitreppe zu, die in den Mittelrisalit des Hauses einbezogen ist. Symmetrie regiert, aber in der Fensteranordnung wird sie nicht streng eingehalten. Der Aussichtsturm, in vielen Bauten der Schinkel-Nachfolge

Wolfgang Pehnt

A classical villa for today

The great Palladio concisely summed up what constitutes a villa. It is built in an serene, agreeable, salubrious location. It provides refreshment and consolation for spirits tired of the city and its agitation. Time can be devoted to entertaining friends and attending quietly to the pursuit of letters. A lofty site, ideally on a slope by a river, affords coolness in summer and a fine view throughout the year. In the 15th or 16th centuries villas were not just a source of pleasure, they were also working farms. Hence it must be possible to see across the fields from the dwelling, so that the owners have a clear view of their property.[1]

Palladio in the Lausbühl

The Villa Bosch is in the Lausbühl, in Heidehofstraße, Stuttgart, on the slopes of the eastern hills, facing away from the basin in which the city lies, and meets many of Palladio's requirements.[2] It is situated in a park with magnificent trees, laid out by a previous owner, Friedrich Wilhelm Hackländer, garden director to the Württemberg court. Many specimens in this historic garden have survived; the site is a protected area and can now once more be admired as a product of horticultural passion: the park, which had run wild, its paths, pergolas and open-air seating, have all been cleared.

There is no doubt that the park and adjacent grassy slope were among the reasons that moved garden-lover Robert Bosch to acquire the site. The view included vineyard cottages that could be reminiscent of northern Italy or Tuscany. Though buildings are now scattered more densely over the ridges running down into the Neckar valley, it does not take too much imaginative effort to conjure up the urbanized landscapes of the area around Venice or in the Arno valley in Tuscany. As Palladio's *Quattro Libri* prescribe, the view extends far into the distance. It includes many round hills and ridges, Cannstatt and the outskirts of Esslingen, gasometers and a stadium, the fringe satellite settlements and the Asperg up to the heights of the Swabian-Franconian forests. Bosch could also see one of his philanthropic foundations, the Robert Bosch Hospital, from his estate. Palladio's requirement that the owner must be able to keep a controlling eye on his activities was met at least in part.

Like Palladio's work for his clients in Venice or Padua, Bosch's villa, which he had built in 1909/10, was not just for prestigious living. A building as large as this generated a great deal of domestic work and hence required an appropriate staff. The patriarch himself conducted experiments in lab and darkroom, and devoted himself to an extensive, ecology-driven horticulture business, with greenhouses placed to the northeast and southeast under the park terrace. Groves of fruit trees and espalier planting on the slope were other features, and there was also a tennis court. The site was separated from the area with the villa by a wall and gatehouse. Part of it was used to accommodate the new building in 2003/04.

The Villa Bosch's location does not meet Palladio's requirements in every respect. A river, the Neckar, can be seen, but not easily reached. But there was no need to ship produce from the fields, as in the patrician estates in the Venetian hinterland. Greater difficulties were created by the orientation. The slope faces north, and the road runs along the perimeter wall on the south side. This means that the façade of the house that turns away from the street and is therefore predestined to be the garden façade is in shade throughout the day. It was not possible to have both a protected, sunny terrace and a far-reaching view. Citizens of Stuttgart prefer living on the slopes sliding down towards the city centre, with sun in either the morning or the evening. But for Bosch, the view and the existing trees were obviously irresistible arguments for purchasing the site.

When the manufacturer had his house in Heidehofstraße designed by the Stuttgart architects Carl Heim and Jakob Früh in 1909, doubts had already been cast

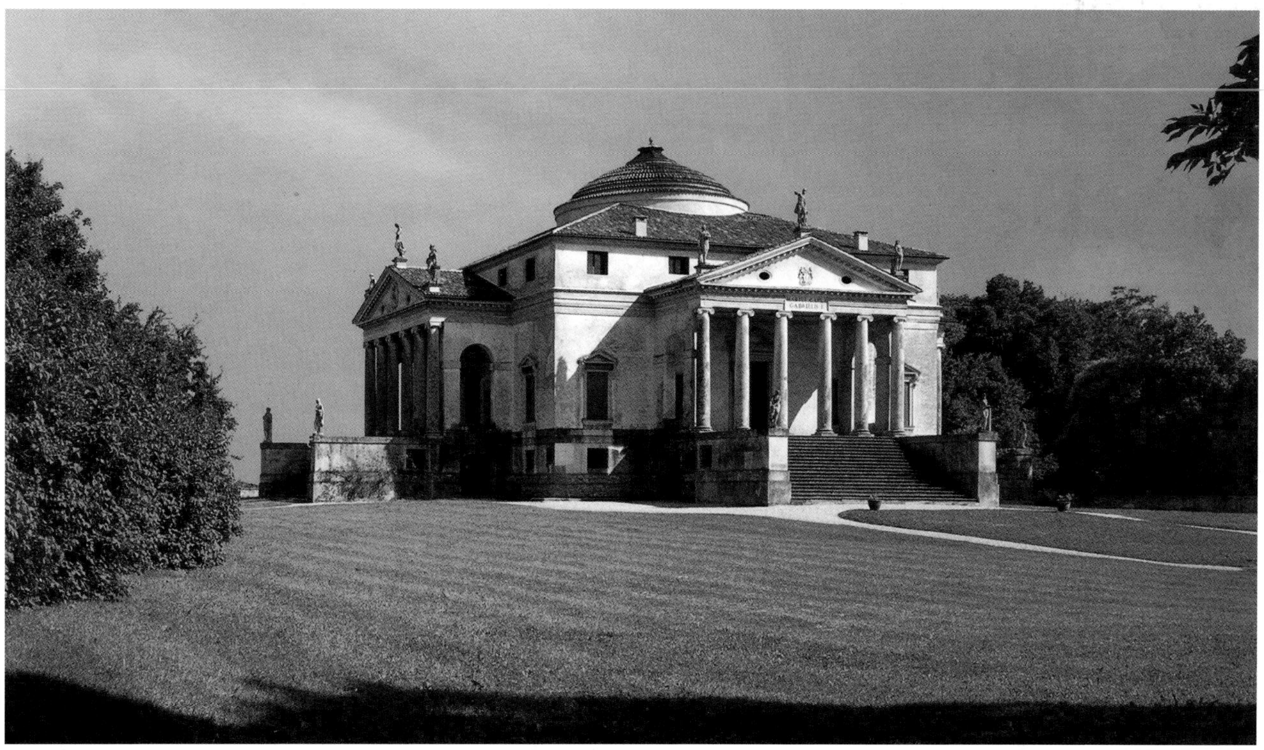

1. Andrea Palladio, Villa Almerico Capra (»La Rotonda«), Vicenza. (Photo: Paolo Marton.)

anzutreffen, durchbrach sie vollends, ohne sich in der Gruppierung gegenüber dem massiven Volumen des Hauptbaus durchsetzen zu können. Aber wer hoch oben im offenen Söller unter goldblattverziertem Dach den Tee zu sich nahm und den Blick zur Uhlandshöhe oder gen Heilbronn schweifen ließ, scherte sich vermutlich nicht um Kompositionsfragen. Gediegen zeitgenössisch, wenn auch nicht provokant modern wurde es innen. Den Speisesaal entwarf Bruno Paul, damals schon Leiter der Unterrichtsanstalt des Berliner Kunstgewerbe-Museums. Mit den zahlreichen Hirschgeweihen in der Treppenhalle müssen die eleganten Geometrien Pauls merkwürdig kontrastiert haben.

Nach dem Tode Boschs im Jahr 1942 hatte der Bau ein wechselhaftes Schicksal. In den letzten Kriegstagen beschlagnahmten ihn die Franzosen. Die nachfolgende US Army machte ihn zum Gästehaus, dann zogen wieder Franzosen ein, die hier ihren Generalkonsul hochherrschaftlich residieren ließen. Nach dessen Auszug ließ die Robert Bosch GmbH 1983 das Gebäude nach einem Gutachterwettbewerb von den Stuttgarter Architekten Fritz Auer und Carlo Weber restaurieren und für den Bedarf der Robert Bosch Stiftung umbauen. Die historische Raumflucht des Erdgeschosses erhielt ihren alten Glanz zurück und wurde nach detektivischen Forschungen mit dem ursprünglichen oder ähnlichem Mobiliar ausgestattet. Im Souterrain und in den oberen Arbeitsetagen lösten offenere Raumfolgen die verkammerten Grundrisse ab, was zum Teil Eingriffe in das Konstruktionsgefüge aus Mauerwerkswänden und Eisenbetondecken bedingte. Ein flacher Pavillon in Stahl und Glas, den Auer & Weber an der Rückseite als Erweiterungsbau vorgeschlagen hatten, wurde nicht realisiert.

Die Bauherrschaft heute

Robert Bosch lag neben den eigenen Geschäftsinteressen die Förderung des Gemeinwohls am Herzen. Dem Firmengründer ging es darum, »neben der Linderung von allerhand Not, vor allem auf Hebung der sittlichen, gesundheitlichen und geistigen Kräfte des Volkes hinzuwirken«.[6] Die 1964 gegründete gemeinnützige Stiftung hält 92 Prozent des Stammkapitals der Robert Bosch GmbH, deren Dividende anteilig der Stiftung zufließt. Aus diesen Mitteln erfüllt die Stiftung das Gründervermächtnis in zeitgemäßer Form.

Die Förderungsgebiete der Stiftung sind bis heute Gesundheitspflege, Völkerverständigung und Bildung. Innerhalb dieser zentralen Bereiche umfaßt das Spektrum der Programme und Initiativen die Gesundheitsökonomie und Krankenpflege, die Versöhnung mit Frankreich und den östlichen Nachbarn sowie die Vertiefung der transatlantischen Beziehungen, aber auch Fragen von Schule und Erziehung, Wissenschaft und Gesellschaft. Dabei wenden sich die Projekte der Stiftung vor allem an junge Menschen.

Robert Bosch war sehr an der Geschichte des Gesundheitswesens und der medizinischen Forschung interessiert. Dieses Interesse spiegelt sich in den drei stiftungseigenen Einrichtungen wider: dem Robert-Bosch-Krankenhaus, dem Dr. Margarete Fischer-Bosch-Institut für klinische Pharmakologie und dem Institut für Geschichte der Medizin der Robert Bosch Stiftung.

Nicht nur die Stiftung benötigte für ihre Aufgaben eine Erweiterung ihrer Flächen, auch die GmbH wollte ihre Weiterbildung mit Seminaren und Tagungen für ihre multinationalen Führungskräfte ausbauen. Die räumliche Nähe zum einstigen Wohnhaus des Patriarchen war gewollt und ergab sich nicht nur zufällig aus der Verfügbarkeit des Grundstücks. Der Spiritus loci, im alten Bau inkarniert, sollte sich Gästen und Mitarbeitern mitteilen, ein ungewöhnlicher Bau an einem besonderen Ort entstehen.

Alternative Lösungen

Für dieses Projekt wurde im Jahr 2000 ein Wettbewerb unter sieben Architekten ausgeschrieben und entschieden.[7] Der Bauherr agiert international, und so war auch die Teilnehmerliste international. Tadao Ando, der Minimalist aus Osaka, hatte in Weil am Rhein für den Möbelhersteller Vitra schon einmal eine ähnliche Aufgabe, ein allerdings sehr viel kleineres Konferenzzentrum, bearbeitet. Für Stuttgart schlug er zwei geometrische Baukörper vor, einen unvollständigen elliptischen Ring und einen Kreisbogen. Der Tessiner Mario Botta war eingeladen, sagte aber ab. Richard Meier, New York, legte eine – in diesem Kontext sehr mächtig wirkende – zweiteilige Variante seiner eleganten Bürohausmoderne vor. Richard Rogers, London, war ein ernsthafter Kandidat für den Bauauftrag. Von deutschen Büros waren der Finalist Peter Kulka, Köln und Dresden, und das Hamburger Großbüro von Gerkan, Marg & Partner (gmp) beteiligt, gmp mit einem weit abgerückten Winkelbau. Ein jüngeres Stuttgarter Büro, Kauffmann, Theilig & Partner, erhielt eine Chance und nutzte sie zu einem vielteilig aufgesplitterten, nachbarschaftsfreundlichen Projekt. Es wurde mit dem dritten Preis belohnt.

Die Entscheidung fiel zwischen Rogers und Kulka. Von der Jury, die Max Bächer als routinierter Vorsitzender leitete, wurden ihre Beiträge als gleichwertig eingeschätzt und mit je einem ersten Preis ausgezeichnet. Unterschiedlicher können Projekte nicht sein. Rogers setzte auf eine Ästhetik des Verschwindens. Die Erweiterung sollte nicht als Bauwerk auftreten, sondern als akzentuierter Landschaftszusammenhang. An ein langes, filigranes Galeriegebäude, das ein Rückgrat bildete und Empfang, Foyer und Kantine aufnahm, schlossen sich ein Stockwerk tiefer die Rippen der Arbeitstrakte an. Belichtet wurden sie durch eingeschnittene Höfe, die in die Obstbaumwiese übergingen. Ökologische Aspekte spielten eine große Rolle. Auf dem Galeriedach war wassergekühlte Photovoltaik vorgesehen. High-Tech und Naturnähe wären zusammengegangen. Dem Stammhaus auf der Höhe war der absolute Vorrang eingeräumt.

Während sich Rogers' Entwurf in den Garten eingrub, damit aber auch ein großes Stück Natur aufgezehrt hätte, um den Flächenbedarf der Ausschreibung zu erfüllen, nahm Kulka selbstbewußt den Dialog mit dem Altbau auf. Das Verhältnis beider Bauten zueinander ist komplex. Einerseits ordnet sich Kulkas dreigeschossiger Bau in der Höhenentwicklung taktvoll dem Vorgänger unter. Mit ihm teilt der Neubau auf dem Lageplan eine scheinbar gemeinsame, realiter aber in ihren beiden Teilen höhenversetzte Plattform. Dank des vorhandenen kräftigen Sprungs im Geländeniveau konnte die Flurkonstruktion des Obergeschosses des Neubaus auf der Höhe des alten Souterrainsockels ansetzen und das Flachdach des Neubaus unter dem ersten Obergeschoß des Altbaus bleiben. Der Aufbau des neuen Gebäudes ist so weit von der Futtermauer des oberen Parks und erst

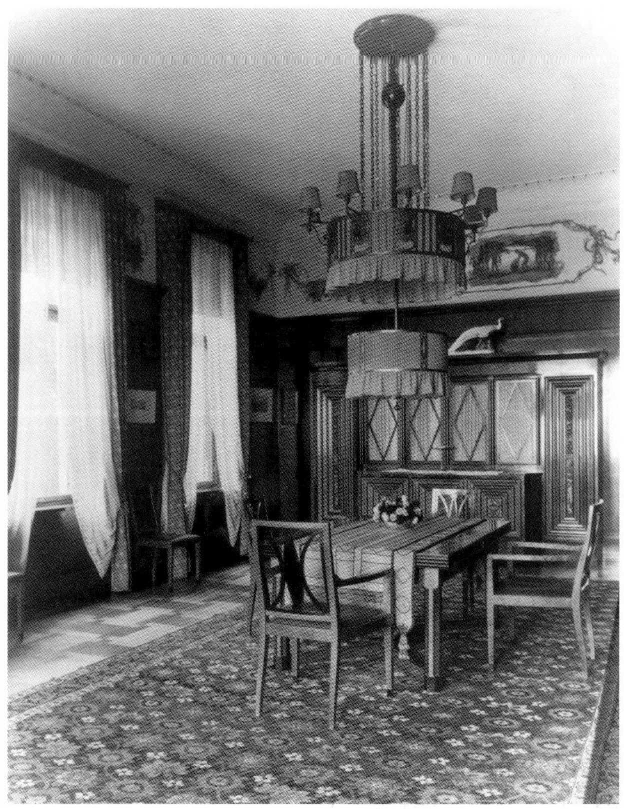

2. Bruno Paul, Speisesaal in der Villa Bosch, Stuttgart, 1909/10. (Photo: Robert Bosch GmbH.)

2. Bruno Paul, dining hall in the Villa Bosch, Stuttgart, 1909/10. (Photo: Robert Bosch GmbH.)

on the villa as a building type by architects and theoreticians who were in vogue at the time like Hermann Muthesius. Muthesius looked at the relative advantages of the country house and the villa and came down in favour of the country house, which he had got to know during the many years he spent in Britain. Country houses inclined towards the horizontal, expanded comfortably and were characterized by their »unfettered nature«.[3] But villas were subject to conventions, constructed compactly and vertically, inclined towards symmetrical order, preferred historically identifiable stylistic accoutrements, featured high rooms, and had street-facing façades, regardless of their orientation. They were much more concentrated than country houses. Domestic facilities, even including the kitchen, were accommodated in the basement storey. The prestigious rooms were in the raised ground floor or bel étage. The architecture historian Julius Posener came up with the excellent formula: »The country house *is* something, the villa *represents* something.«[4]

Heim and Früh also had the Anglo-Saxon inspired country house in their repertoire. An Italian-style villa was chosen because the client was interested in a formal and prestigious solution. The building was indeed supposed to »represent« something. Bosch was the head of a firm whose operations soon spread worldwide, and so he had social obligations. If he was to conform with the unwritten behavioural code for major entrepreneurs he needed a residence with appropriate rooms for social occasions, reflected clearly in their form. Bosch had previously lived in a comfortable, informally designed Gothic-style house in west Stuttgart. He now had to make sacrifices to prestige. But there are sacrifices greater than living in an opulent villa in a prime location. Bosch himself did not use the term villa, incidentally.[5]

The Villa Bosch is something of a late example, given 1909/10 as the years for design and construction. Elsewhere the Renaissance canon had tended to give way to a monumental Neoclassicism in the manner of the period »around 1800«, also for ceremonial solutions. Heim and Früh direct visitors through a triumphal park gate with three arches diagonally towards a double flight of outdoor steps built into the central projecting section of the house. Symmetry reigns, but it is not strictly maintained in the window arrangement. The viewing tower, which is to be found in many post-Schinkel buildings, broke with it completely, without being able to hold its own in the grouping with the massive volume of the house. But someone sitting right up at the top on the open balcony, taking tea under a roof decorated with gold leaf and looking out towards the Uhlandshöhe or Heilbronn, is presumably not going to worry about questions of composition. The interior turned out to be solidly contemporary rather than provocatively modern. The dining room was designed by Bruno Paul, then already director of the school of the Kunstgewerbe-Museum in Berlin. The numerous sets of antlers in the stairwell must have made a curious contrast with Paul's elegant geometry.

After Bosch died in 1942, the building suffered changing fortunes. It was seized by the French in the last days of the war. The US Army followed them and used it as a guesthouse, then the French moved back in again, and quartered their Consul General here in some splendour. After they moved out, Robert Bosch GmbH had the building restored in 1983 after a competition won by the Stuttgart architects Fritz Auer and Carlo Weber, and converted to be used by the Robert Bosch Stiftung. The historical set of rooms on the ground floor were restored to their former splendour and furnished with original or similar pieces, after some detective work. The various small rooms in the basement and the upper storeys were replaced by more open spatial sequences, which meant some interventions into the original structure of masonry walls and reinforced concrete floors. A low steel-and-glass pavilion proposed by Auer & Weber as an extension at the back was never built.

The owners today

Robert Bosch was concerned not only with his own business interests, but also with improving common welfare. The intention of the company's founder was, »to promote, apart from the alluviation of all kinds of hardship, the moral, physical, and intellectual development of the people«.[6] The charitable foundation set up in 1964 holds 92 per cent of the capital stock of Robert Bosch GmbH, and the dividends accrue to the foundation proportionately. It deploys these resources to fulfil the founder's wishes in a form appropriate for today.

The foundation still devotes itself mainly to health care, international understanding and education. Within these central areas, there are programmes and initiatives relating to health economics and nursing, reconciliation with France and with Germany's neighbours to the east as well as strengthening transatlantic relationships, but also questions about schools and education, science and society. The foundation's projects are aimed above all at young people.

Robert Bosch was very interested in the history of public health and medical research. These interests are reflected in the three institutions owned by the foundation: the Robert Bosch Hospital, the Dr. Margarete Fischer-Bosch Institute for Clinical Pharmacology and the Robert Bosch Stiftung's Institute for the History of Medicine.

Not only the foundation needed more space for its activities, but so did the Bosch company, which wanted to extend its facilities for seminars and conferences for its multi-national management. The physical proximity to the patriarch's former home was intentional, and did not simply arise from the availability of the land. Guests and employees were intended to absorb the *spiritus loci*, which was incarnate in the old villa. An unusual building was to emerge in an unusual place.

Alternative solutions

A competition involving seven architects was announced and decided in the year 2000.[7] The client operates on the international plane, and so did the competition. Tadao Ando, the Osaka minimalist, had already done a similar job for the Vitra furniture manufacturers in Weil am Rhein, a conference building, albeit much smaller. He proposed two geometrical structures for Stuttgart, an incomplete elliptical ring and an arc of a circle. The Ticino architect Maria Botta was invited to take part, but declined. Richard Meier, New York, presented a two-part variation on his elegant office modernism – looking very heavy in this context. Richard Rogers, Lon-

recht vom Bosch-Haus abgerückt, daß ausreichende Respektsdistanz gewahrt bleibt. Andererseits tritt der Bau in seiner eigenen Volumenentfaltung und in dem Interesse, das seine Formensprache einfordert, mit Selbstgefühl, Distinktion und Noblesse auf: Unterhalb der alten Villa ist eine neue entstanden, eine Villa moderna.

Villa moderna

Auf die Tradition der antiken und neuzeitlichen Villa bezieht sich Kulka nur im allgemeinsten Sinn. Denn hier residiert kein venezianischer Nobile. Hier wird gemeinsam gearbeitet, gelehrt und gelernt. Teamwork steht an. Das Gartengeschoß, die Sockelzone, nimmt die Büros der Stiftung auf. Sie bildet die physische Basis des Bauwerks, wie sie die organisatorische Basis der Institution bildet. Der Garten ist durch Fenstertüren direkt zugänglich. Zum Altbau hin umschließt das Gartengeschoß ein Wasserbecken, entfernte Erinnerung an Atrium und Impluvium der römischen Villa. Die reflektierende Wasserfläche sorgt für indirektes Licht und Kühlung im Sommer.

Dem neuen Pavillon nähert man sich, vom Altbau über eine Freitreppe zur Eingangsebene hinunterschreitend, über einen Vorplatz, unter dem Teile des Gartengeschosses liegen. Bis auf den festen Kern des Bauwerks, der Fahrstuhl, Sicherheitstreppe und Nebenräume umschließt, ist im Eingangsbereich alles transparent, geöffnet nach drei Seiten, so daß der Blick frei in den Park und zurück zum Hause Bosch geht. Von allen drei Stockwerken hat dieses mittlere Geschoß, das auch die Kantine birgt, die geringste Grundfläche. Sein Thema heißt Licht, Transparenz, Weite, Kommunikation. Was die alte Villa im tonnengewölbten Entrée, in Vestibül und zwei Geschosse hoher Treppenhalle durch Formenverdichtung und Kostbarkeit des Materials bewirkt, den festlichen Empfang ihrer Gäste, erreicht die neue durch den Luxus der Dimensionen, Durchblicke und Ausblicke.

Italienische Villen des Cinque- oder Seicento kulminieren in einer zentralen Sala, die in der Höhe manchmal durch das ganze Volumen schneidet und von oben Licht empfängt. Palladios Villa Rotonda bei Vicenza ist das unüberbietbare Beispiel dieses Typs. In ihrem Anspruch, mit ihren vierseitigen Portici und ihrer zentralen Kuppelhalle stellte sie eine einzige großartige Überforderung ihres Bauherrn dar, eines päpstlichen Prälaten namens Almerico. Auch Kulkas Villa weist einen solchen zentral erhellten Raumteil auf, die Treppenhalle mit ihren Foyers und Räumen, die sich anschließen lassen wie der Vortragssaal im Obergeschoß.

Allerdings kommt diese zentrale Raumfolge beiläufiger daher. Überfordert wird hier niemand. Über dem Treppenschacht ist ein Oberlicht angebracht, dessen Stahlprofile in ihrer Neigung dem Entwässerungsgefälle folgen. Es reicht, um das Tageslicht von oben bis hinab zum Gartengeschoß zu schicken und den Aufstieg – empor zum Licht! – festlicher zu gestalten. Die Treppe, die nur Tritt-, keine Setzstufen hat, liegt nicht zentral, sondern (vom Eingang her gesehen) bequem zur Rechten. Die Abmessungen ihrer Läufe sind auf die Breite des Wasserbeckens bezogen.

Die vertikalen Lasten werden in den beiden unteren Geschossen außer vom Festpunkt von wenigen starken Stahlbetonpfeilern übernommen. Im Bereich des Kernbaus sind es nur vier. Drei stehen in der Eingangszone außen vor der Glaswand, einer im Foyer. Die Weite des Raumes bleibt dadurch ungestört. Auf diesen Rundstützen und dem Servicekern liegt ein 1,20 Meter hoher Rost aus Spannbeton. In der Außenansicht ist er wie alle geschlossenen Flächen mit Aluminiumblechen abgedeckt, deren Höhe sich zur Höhe der Dachschürze wie 2:1 und zur Verkleidung der Plattform zwischen Garten- und Eingangsgeschoß wie 5:3 verhält. Der Rost ermöglicht die enorme Auskragung des Obergeschosses in Richtung Westen und vor allem Norden.

Trotzdem entsteht nicht das Gefühl beschwerlichen Lastens. Im Gegenteil scheint die obere Etage über der mittleren wie über einem gläsernen Sockel zu schweben, eine leichte Schicht oberhalb einer leichten Schicht. Hier übernehmen neben dem Servicekern schlanke Stahlpfosten, die hinter den Fenstersprossen an der Peripherie des Stockwerks stehen, die Tragfunktionen. Fortbildung und Kommunikation, denen dieses Stockwerk gewidmet ist, scheinen – so suggeriert die Architektur – keine strapaziösen Tätigkeiten zu sein.

Zum Eindruck der Leichtigkeit tragen entscheidend die geschoßhohen Schiebeelemente bei, die vor den Verglasungen eine begehbare, offene Raumschicht bilden. Der Charakter (und die Qualität!) zeitgenössischer Bauten hängt oft von den letzten Zentimetern der Gebäudehülle ab. Das ist hier nicht anders. Die Paneele bestehen aus einem Edelstahlgeflecht, das von innen als licht- und blickdurchlässiges Gewebe wirkt. Jede dritte Einheit ist arretiert, die anderen lassen sich – auch individuell steuerbar – zu Dreierpaketen zusammenschieben. Der Begriff der Vorhangfassade wird mit diesen quasi textilen Elementen wörtlich genommen.

Dank der unterschiedlichen Positionen der Stahlgitter kommen Veränderung, Bewegung und Zufall ins Spiel, zumal dahinter jede zweite Fenstereinheit geöffnet werden kann. Je nach Standort variiert die Optik des Materials. Bei entsprechendem Lichteinfall und Sichtwinkel entsteht eine scheinbar geschlossene, abweisende Außenhaut, präzise geschnitten wie eine Autokarosserie. Bei anderen Lichtverhältnissen und Betrachterstandpunkten spiegeln sich die Baumkronen und Häuser der Nachbarschaft im Glas hinter dem Metallfiligran, entstehen Durchsicht und Reflex in flottierenden Übergängen. Das changierende Spiel greift sogar auf die opaken, mit Eisenglimmer beschichteten Aluminiumblech-Verkleidungen der Geschoßbodenstirnen über. Von den Veränderungen an den Fassaden aktiviert, versetzt das Auge die horizontalen Bänder der flächenbündigen, fest montierten Tafeln der Metallverkleidung in eine fiktive, vor- und zurücktretende Bewegung.

Die Materialfarbe des Metalls gibt den Grundton vor. Sein Anthrazitgrau kann von Silber bis Schwarz changieren. Farbigkeit holt sich der Bau von außen: durch die Reflexe von Wiese, Bäumen und Häusern, und von innen: von Ausstattung und Möblierung. Das Eingangsgeschoß, mit schwarzem Granit belegt und von den Überhängen des Obergeschosses beschattet, bleibt tagsüber in der Außenansicht eine zurücktretende Dunkelzone. Unten und oben gehen die Rottöne der Interieurs eine Symbiose ein, die nicht wohlige Harmonie verstrahlt, sondern eine fühlbare Schärfe einführt: orangebraun der textile Bodenbelag, warmes Rot die Verkleidungen aus Kirschholz, aktives Korallenrot die Regale der Bibliothek im unteren Stockwerk, der Empfangstresen im Eingangsbereich und die Holzpaneele in der Treppenhalle. Im Kantinenbereich, im mittleren Stockwerk also, sind es Grün-Gelb-Schattierungen, die die Farbskala bilden.

3–7. Bosch Haus Heidehof, Stuttgart, Wettbewerbsprojekte, 2000.
3. Peter Kulka, Köln und Dresden. 1. Preis.
4. Richard Rogers Partnership, London. 1. Preis.
5. Kauffmann, Theilig & Partner, Stuttgart. 2. Preis.
6. Richard Meier & Partners, New York.
7. Tadao Ando Architect & Associates, Osaka.
8. Gerkan, Marg & Partner, Hamburg.

3–7. Bosch Haus Heidehof, Stuttgart, competition projects, 2000.
3. Peter Kulka, Cologne and Dresden. 1st prize.
4. Richard Rogers Partnership, London. 1st prize.
5. Kauffmann, Theilig & Partner, Stuttgart. 2nd prize.
6. Richard Meier & Partners, New York.
7. Tadao Ando Architect & Associates, Osaka.
8. Gerkan, Marg & Partner, Hamburg.

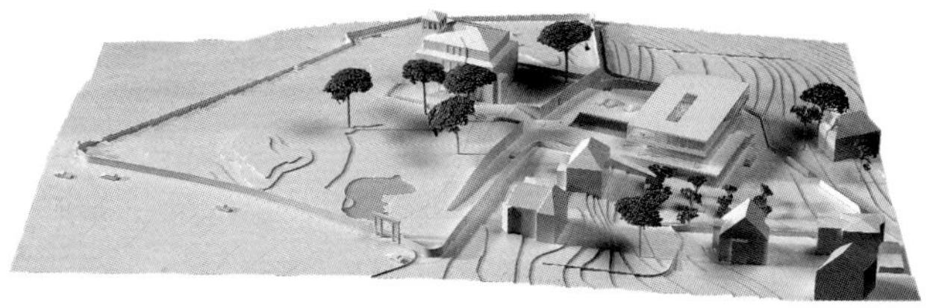

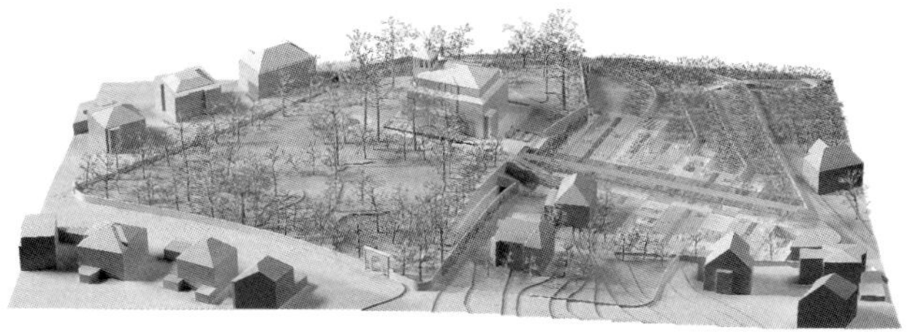

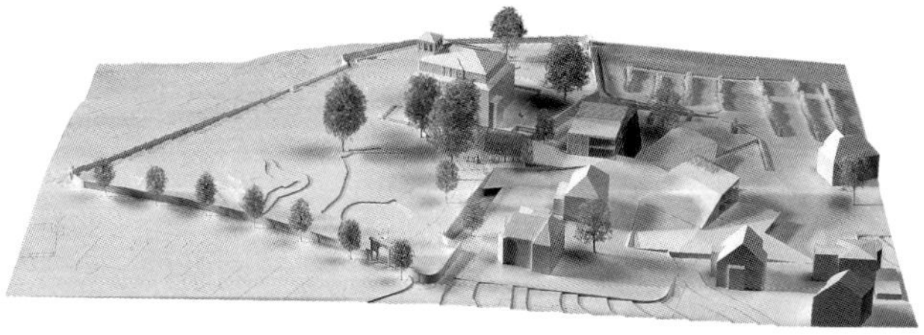

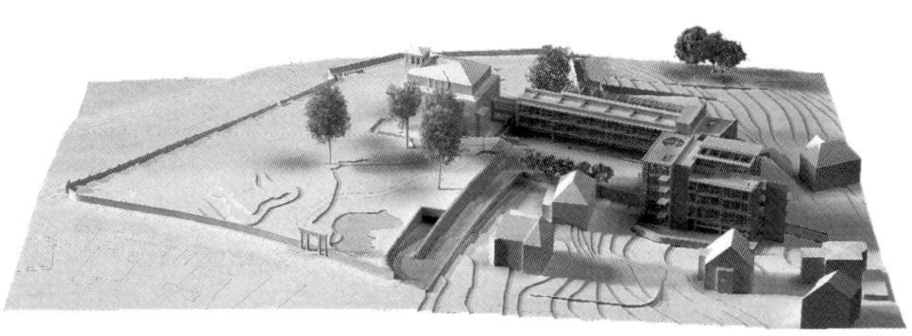

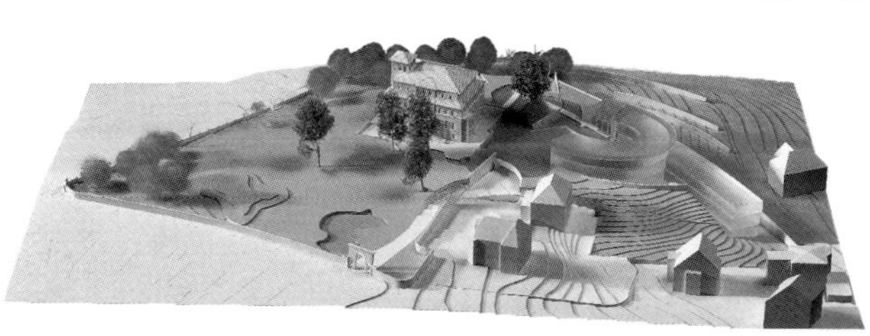

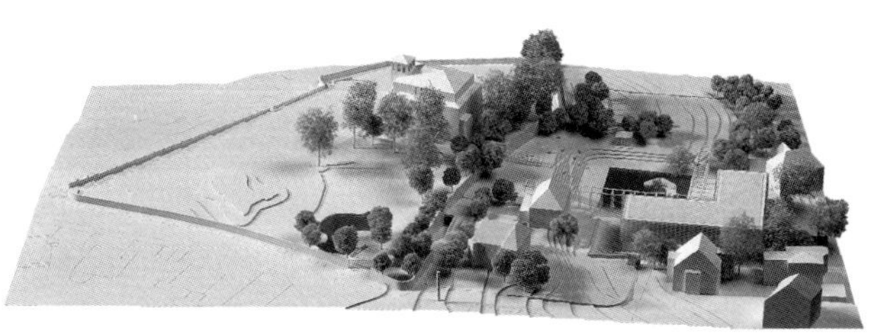

don, was a serious candidate for the commission. German practices involved were the finalist Peter Kulka, Cologne and Dresden, and the great Hamburg practice of von Gerkan, Marg & Partner (gmp), with an angled building shifted some distance away. A young Stuttgart practice, Kauffmann, Theilig & Partner, were given a chance and used it to produce a neighbourhood-friendly project splintered into a number of parts. It won third prize.

The jury, chaired by the experienced Max Bächer, decided on Rogers and Kulka. The jurors felt their entries were equally good, and awarded a first prize to each of them. No two projects could be more different. Rogers opted for an aesthetic of disappearance. The extension was not to look like a building, but like an accentuated part of the landscape. The backbone was formed by a long, filigree gallery structure accommodating reception, foyer and canteen. Adjacent to it one storey below were the ribs of the work sections, lit from incised courtyards leading into the orchard. Ecological aspects played a major part. Water-cooled solar panels were proposed for the gallery roof. High-tech would have met closeness to nature. Absolute precedence was accorded to the original building at the top of the site.

Rogers' design dug into the garden, but would have devoured quite a large chunk of nature to provide the floor space the brief was asking for, while Kulka chose to enter into a self-confident dialogue with the old building. The relationship between the two buildings is complex. Kulka's three-storey structure tactfully defers to its predecessor in terms of height. On the site plan, the new building seems to share a platform with the old one, but in reality its two sections are set at different heights. Thanks to the existing major drop in the site level, the floor structure of the new building's upper storey was able to start at the level of the old building's basement storey, and the new building's flat roof remained below the first floor of the old building. The top part of the new building is shifted so far away from the retaining wall of the old park, to say nothing of the Villa Bosch itself, that an appropriately respectful distance is maintained. But the way the new building develops its own volume and the interest that its formal language commands, give it a sense of self-confidence, distinction and nobility: a new villa has come into being below the old one, a villa moderna.

Villa moderna

Kulka relates to the tradition of villas ancient or modern only in the most general way. This is not a Venetian nobleman's residence. This is a place for working together, for teaching and learning. Teamwork is the order of the day. The garden floor, the basement zone, accommodates the foundation's offices. It forms the physical basis of the building, and also the organizational basis of the institution. The garden is immediately accessible through French windows. On the old building side the garden floor embraces a pool, a distant reminder of the atrium and impluvium in a Roman villa. The reflective surface of the water provides indirect light and coolness in summer.

Visitors approach the new pavilion, coming down from the old building via a flight of open steps to the entrance level, via a forecourt which has parts of the garden floor under it. With the exception of the solid core of the building, which contains the lift, emergency stairs and side rooms, everything in the entrance area is transparent, open on three sides, to give a clear view over the park and back to the Villa Bosch. Of all the three floors, this middle storey, which also contains the canteen, is the smallest in area. Its theme is light, transparency, breadth and communication. The old villa uses formal density and costly materials to make an impression, to receive its guests ceremoniously in its barrel-vaulted entrance, vestibule and two-storey stairwell, but the new building does this with luxurious dimensions and views through and out of the building.

Cinque- or Seicento Italian villas culminate in a central Sala whose height often cuts through the entire volume and is lit from above. Palladio's Villa Rotonda near Vicenza is the ne plus ultra of this type. Its four-sided porticoes and central domed hall made demands that uniquely and magnificently overwhelmed its owner, a papal prelate called Almerico. Kulka's villa also has a central, bright section like this, a stairwell with foyers and spaces that can be accessed, like the lecture hall on the top floor.

But this central sequence of space emerges rather more casually. No undue demands are made on anyone here. There is a skylight above the stairwell whose steel sections slope with the drainage gradient. It is enough to send light from the top right down to the garden floor and to make the ascent – upwards to the light! – more festive. The staircase, which has only horizontal steps with no vertical backing, is not placed centrally, but (seen from the entrance) comfortably on the right-hand side. Its flight dimensions relate to the width of the pool.

With the exception of the anchor point, the vertical loads in the two lower storeys are taken by a very few powerful reinforced concrete piers. There are only four in the core area, three in the entrance area outside the glass wall and one in the foyer. This means that they do not disturb the sense of breadth in the space. A 1.2 m high reinforced concrete grid is supported by these round columns and the service core. The outside of the grid, like all the closed surfaces, is clad in sheet aluminium, in a height ratio of 2:1 to the roof apron and 5:3 to the platform cladding between the garden and the entrance storey. It is this grid that makes it possible for the upper storey to protrude so much to the west and above all to the north.

Nevertheless there is no sense of oppressive weight. On the contrary, the upper storey seems to float over the middle one as if above a glass pedestal, a light layer above a light layer. Here the load-bearing functions are performed by the service core and by slender steel posts, standing behind the glazing bars on the periphery of the storey. This floor is devoted to training and communication, but these are not effortful activities – or at least that is what the architecture suggests.

The floor-high sliding elements that form an accessible area in front of the glazing make a major contribution to the impression of lightness. The character (and the quality!) of contemporary buildings often depends on the last few centimetres of the building's envelope. And that is certainly the case here. The panels are made of woven stainless steel that is light-permeable and can be looked through from the inside. Every third element has a stop, so they can be slid together in sets of three – individually as well. These almost textile elements take the term curtain façade literally.

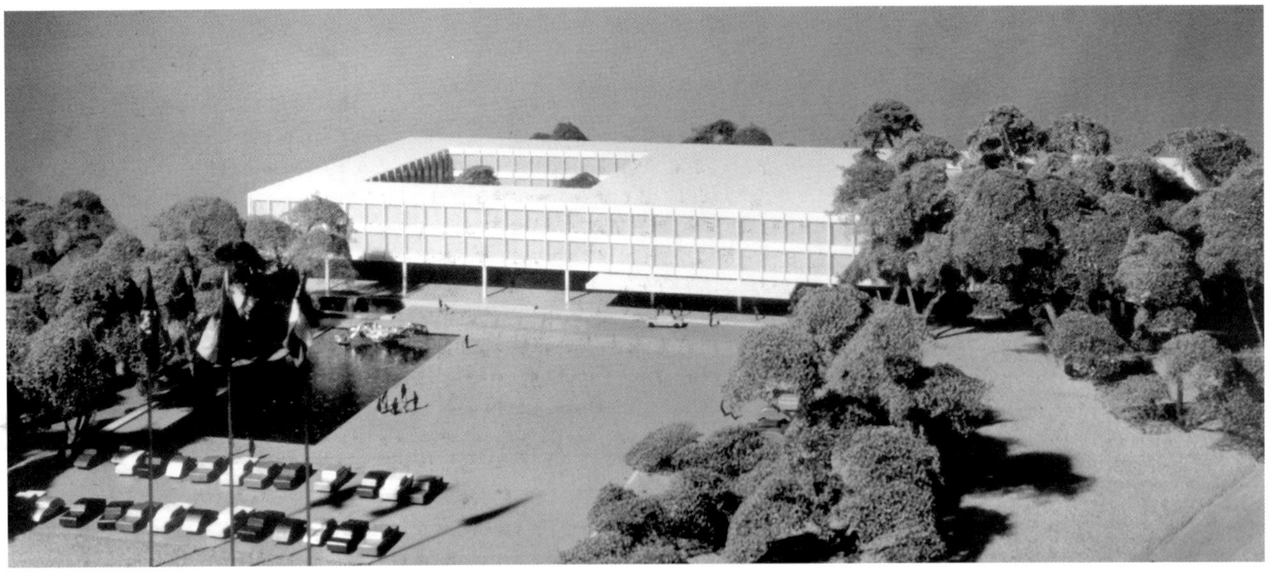

In ihrer waagrechten Disposition hat die neue Villa etwas vom Gegenspieler der Villa, dem Landhaus, sofern man jeden Gedanken an Wohnbehaglichkeit zur Seite läßt. »Innige Anpassung an die Natur mit dem Bestreben, Garten und Haus zu einem einheitlichen, eng verschmolzenen Ganzen zu machen«, sei das Ziel des Landhauses, schrieb Muthesius.[8] Das »breit gelagerte Gepräge«,[9] die Horizontalität, ist ein Prinzip des Landhauses wie des Bosch-Gebäudes. Im Gartengeschoß geht der Bau stufenlos in den Außenraum über. Der Kontakt nach draußen, für Landhausarchitekten ein unabdingbares Credo, ist eng. Was den Neubau dagegen vom Landhaus unterscheidet, sind seine Achsenbindungen, die deutliche Beziehung zum Altbau, seine kühl gehaltene Repräsentation; ist, um Muthesius zu variieren, sein »gebundenes Wesen«.

Die Villa, die sich als historisches Vergleichsstück in Erinnerung bringt, steht nicht in Pompeji oder Vicenza, sondern westlich von Paris: die Villa Savoye von Le Corbusier in Poissy (1929/30), von ihrem Architekten auch »Les heures claires« genannt. Der Bauherr, Direktor einer Versicherungsgesellschaft, hat zwar nicht viele seiner »lichten Stunden« in dem scheinbar schwerelosen Gebilde verbracht, das wie ein Raumschiff auf einer Wiesenkuppe oberhalb des Seinebeckens niedergegangen zu sein scheint. Im Gegenteil, er verkaufte es wenige Jahre später. Auf ihren Pilotis schwebend und im Obergeschoß um einen offenen Patio organisiert, entfaltet die Villa Savoye eine *promenade architecturale*, an die das neue Bosch-Haus erinnert. Was sich in Poissy auf vergleichsweise engem Raum abspielt und infolgedessen den Eindruck großer Intensität und konzentrierter Erfindungskraft hervorruft, findet an der Stuttgarter Heidehofstraße viel Platz zur Ausbreitung. Das ruft ein Gefühl der Gelassenheit und Selbstverständlichkeit hervor. Dieses Haus ist nicht zum Staunen gemacht, sondern zum Gebrauch.

Der andere Patriarch der Moderne, Ludwig Mies van der Rohe, ist auch für Peter Kulka eine Bezugsfigur gewesen; für welchen ehrgeizigen Architekten war er es nicht? Präzision, Transparenz und Öffnung, die Härte des Stahls und die Reflexionskraft großflächiger Verglasung, die ordnenden Eingriffe in die Umwelt sind Tugenden, die bei Mies zu finden waren. Vor allem die tempelartigen Verwaltungs-, Hochschul- und Museumsbauten der späteren, amerikanischen Hälfte seines Œuvres stand denen vor Augen, die in den sechziger Jahren den Architektenberuf erlernten. Terrasse, Plattform, Schichtung, das leichte Tragen waren Mies-Themen.

Aber die Unterschiede sind doch gravierend. Mies arbeitete mit gerüsthaften Strukturen, die jederzeit verdeutlichen, wie sie zusammengesetzt sind. Wie ein Bau hält und wie er gemacht und gefügt ist, war für ihn immer ein wichtiges Thema, das er vom Fuß bis zum Kopf eines Gebäudes durchführte. Das Gerüst blieb in oder vor der Fassade sichtbar. Bei Kulka wird die Konstruktion zwar nicht verborgen, aber auch nicht inszeniert. Es macht ihm nichts aus, sie zu wechseln, im Obergeschoß Stahlelemente auf den Rost des Betontisches zu stellen. Die Ursache der Wirkungen, die sich daraus ergeben, das Schweben oder der Horizontalismus der Metallverkleidungen, muß dem Betrachter nicht erklärt werden; die Wirkungen sind wichtiger.

Mies hielt sich an die Raumrichtungen, die er einmal eingeschlagen hatte. Wenn er einen liegenden Quader wählte – sein Standardvorschlag für Institutsbauten –, blieb es vom Fundament bis zum Dach bei gleichgerichteten Seiten. Kulka schichtet bei der neuen Villa Bosch die eine Stockwerkslage quer zur anderen. Das Gartengeschoß samt Wasserbassin verlängert die Achse von der alten Villa her, das Obergeschoß schwebt um 90 Grad gedreht darüber, als wende es sich der Talansicht zu. Dezent und subtil, an der unteren Grenze der Wahrnehmung, arbeitet Kulka mit Volumenverschiebungen, wie sie die sogenannten Dekonstruktivisten in wilden Torsionen ausschöpfen.

Bezeichnend ist die Lösung, die Kulka für die Ecken fand. Ein Architekturglied als gleichberechtigtes Teil einer Reihe und doch als ihr markantes Ende am Richtungswechsel der Seiten zu charakterisieren, das war ein Uraltproblem der europäischen Baukunst seit dem antiken Tempel. Kulka beseitigt das Eckproblem durch eine Null-Ecke. Wo man bei Mies eine Stütze – oft mit beidseitig aufgeschweißten T-Profilen – erwarten würde, wird bei Kulka deutlich, daß Tragglieder weder in der vordersten noch in der zweiten Fassadenebene des oberen Stockwerks stehen. Die Stahlgitter-Schiebeelemente, die eine erste Außenschicht bilden, sparen die Ecken ganz aus. Dem Eckkantenpfosten der Verglasung hinter den Gittern traut man zu Recht auch keine größeren statischen Aufgaben zu. Allenfalls ein bißchen Winddruck nimmt er auf. So deutet sich an, daß das Tragwerk überhaupt nicht in einem regelmäßigen und durchgehenden Stützen-und-Balken-System besteht.

9. Ludwig Mies van der Rohe, Verwaltungsgebäude der Friedrich Krupp GmbH, Essen, 1960/61, Projekt. (Photo: Historisches Archiv Krupp.)
10. Le Corbusier, Villa Savoye, Poissy, 1928–30. Außenansicht. (Photo: Wolfgang Pehnt.)
11. Le Corbusier, Villa Savoye, Poissy. Wohnraum und offener Patio. (Photo: Peter Blundell Jones.)

9. Ludwig Mies van der Rohe, administration building of Friedrich Krupp GmbH, Essen, 1960/61, project. (Photo: Historisches Archiv Krupp.)
10. Le Corbusier, Villa Savoye, Poissy, 1928–30. Exterior view. (Photo: Wolfgang Pehnt.)
11. Le Corbusier, Villa Savoye, Poissy. Living room and open patio. (Photo: Peter Blundell Jones.)

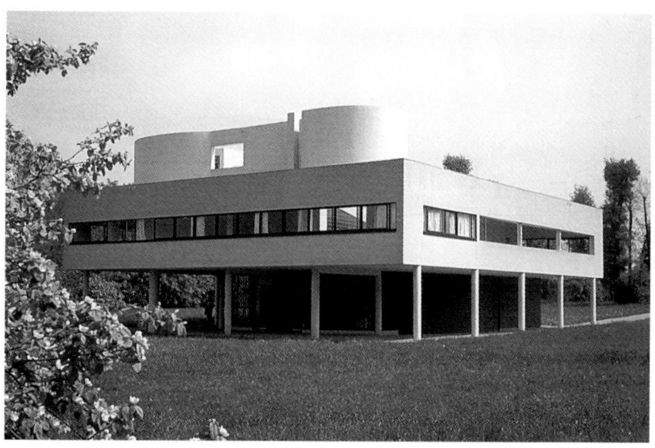

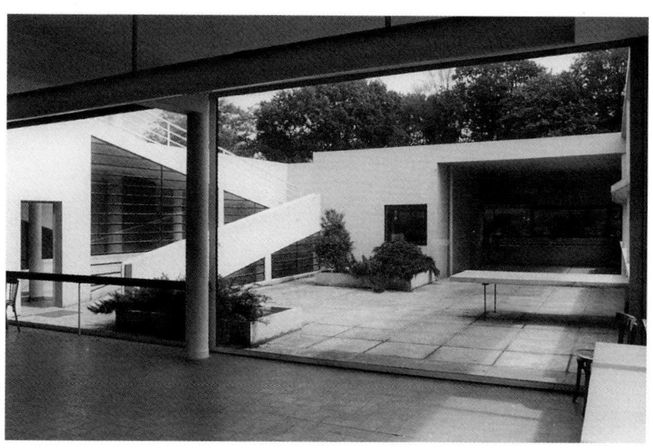

The different positions of the steel grilles bring change, movement and chance into play, especially as every second window unit behind them can be opened. The visual qualities of the material vary according to viewers' position. Certain lights and certain angles create an apparently closed, forbidding outer skin, tailored as precisely as a car body. In different lighting conditions or from different viewing angles the neighbouring treetops and houses are reflected in the glass behind the filigree metal, creating floating transitions from transparency to reflection. This iridescent game even slips across to the opaque, iron mica coated sheet aluminium cladding on the face of each floor slab. The eye, activated by the changes in the façades, sets the horizontal bands of the flush, fixed metal cladding panels in fictitious motion to and fro.

The colour of the metal provides the basic note. Its anthracite grey can shimmer from silver to black. The building derives its colours from the outside: from the reflections of meadows, trees and buildings, and from the inside, from the fittings and furnishings. The entrance floor, covered in black granite and shaded by the overhang from the upper storey, remains a withdrawn dark zone within the exterior view by day. At the top and bottom the red tones of the interior enter into a symbiosis that does not exude comfortable harmony, but introduces a tangible sharpness: orange-brown for the carpeted floors, warm red for the cherry-wood cladding, active coral red for the library shelves on the bottom floor, the reception counters in the entrance area and the wooden panels in the staircase hall. In the canteen area, on the middle floor, in other words, the colour scales are built up of shades of green and yellow.

The new villa's horizontal disposition has something of its opponent's, the country house's, make-up, so long as any thought of cosiness is put aside. Muthesius wrote that the aim of the country house is »sincere accommodation with nature, striving to make garden and house into a uniform, closely fused whole«.[8] The quality of being »broadly placed«,[9] the horizontal quality, is a principle behind both the country house and the Bosch building. The building runs into the outdoor space without steps on the garden floor. There is close contact with the outside world, an essential item of faith for country house architects. But what makes the new building different from the country house is its axial connections, its clear relationship with the old building, its cool sense of prestige; or, to vary Muthesius, its »fettered nature«.

The villa that springs to mind as a historical comparison is not in Pompeii or Vicenza, but west of Paris: Le Corbusier's Villa Savoye in Poissy (1929/30), also called »Les heures claires« by its architect. The client, an insurance company director, didn't in fact spend many of his »light hours« in this apparently weightless structure that seems to have landed on the grassy rounded hillock above the Seine basin like a space ship. He actually sold it a few years later. The villa floats on pilotis and is organized around an open patio on the upper floor, offering a *promenade architecturale*, which seems to be conjured up by the new Bosch building. The house in Poissy works within a comparatively restricted space, and consequently seems very intense and evokes concentrated powers of invention, while in Heidehofstraße in Stuttgart there is plenty of room to expand. This gives a sense of relaxation and naturalness. This is a building that is there to be used, not to be wondered at.

The other patriarch of Modernism, Ludwig Mies van der Rohe, is someone else that Peter Kulka related to; what ambitious architect wouldn't? Precision, transparency and openness, the hardness of steel and the reflective force of large areas of glass, intervening to impose order on the surrounding world, these were the virtues to be found in Mies van der Rohe's work. Students of architecture in the sixties were confronted above all with the temple-like college and museum buildings from the later, American half of his œuvre. Terrace, platform, layers, carrying a load lightly were Mies's themes.

But there are significant differences. Mies worked with frame-like structures that show clearly how they are put together at all times. It always mattered to him to show how a building stays up, how it is made and assembled, and he showed this in his structures from top to toe. The framework remained visible in or in front of the façade. Kulka does not conceal the construction, but he doesn't feature it either. He doesn't mind changing it, placing steel elements on the concrete table grid in the upper storey. The cause of the effects that this produces, the floating or horizontal quality of the metal cladding, does not have to be explained to viewers; the effects are more important.

Mies kept to spatial orientations he had once embarked on them. When he chose a horizontal cuboid – his standard suggestion for institutional buildings – then the sides were parallel from the foundations to the roof. In the new Villa Bosch, Kulka shifts one storey-layer transversely to another. The garden storey with its pool continues the axis from the old villa, the upper storey floats above it at an angle of 90 degrees, as though it is turning to look at the view of the valley. Kulka works discreetly and subtly, at the lower threshold of perception, with volume shifts of the kind that the so-called deconstructivists exhaust in frantic twisting.

The solution that Kulka found for the corners is typical. Identifying an architectural member as an equal part of a row and yet as a distinctive end at the point where the sides change direction has been a persisting problem in European architecture since the antique temple. Kulka gets rid of the corner problem with a non-corner. Where in Mies's work we would have expected a column – often with T-sections welded on both sides – Kulka makes it clear that the load-bearing members are not to be found on either the foremost or even on the second façade plane of the upper storey. The sliding steel-mesh sections forming the first outside layer miss out the corners entirely. And we rightly assume that the corner post for the glazing behind the metal screens does not have a major statical role. It might at the most absorb a little wind pressure. So it becomes clear that the load-bearing structure is not a regular column-and-beam system running right through the building.

Green spaces and steel symbol

The garden designer working on the Heidehofstraße plot is a landscape architect whose name is almost identical to the architect's, Peter Kluska. Kluska is based in Munich. He was born in Erlangen in 1938, worked in Stuttgart with Hans Luz and with Walter

Grünräume und stählernes Zeichen

Der Gartengestalter, der das Grundstück an der Heidehofstraße bearbeitete, ist ein Landschaftsarchitekt, dessen Name fast mit dem des Architekten identisch ist, Peter Kluska. Der in München ansässige Freiraumgestalter, geboren 1938 in Erlangen, hat in Stuttgart bei Hans Luz und in Berlin bei Walter Rossow gearbeitet, zwei Meistern des grünen Metiers, bevor er sich 1970 selbständig machte. Einen großen Teil seiner Aufträge wie den Münchner Westpark, den Landschaftspark Engelhalde in Kempten sowie Freiraumgestaltungen für die Universität Erfurt und die Fachhochschule Regensburg hat er sich als erste Preise in Wettbewerben erstritten.

An der Stuttgarter Heidehofstraße ließ Kluska sich mit den Mitteln seiner Kunst auf die Doppeldeutigkeiten der Aufgabe ein, den Dualismus von oberem Park und unterem Garten wie die subtilen Ambivalenzen des Neubaus. Beim höher gelegenen Gelände um die alte Bosch-Villa, dem Erbe aus Friedrich Wilhelm Hackländers Zeiten, war es für Kluska Ehrensache, Grundzüge dieses gärtnerischen Denkmals herauszuarbeiten und wiederzugewinnen. Blickachsen und Gartenräume des historischen Parks mußten vom Wildwuchs der vergangenen Jahrzehnte befreit, den kleinen, verstreuten Architekturen wieder zur Wirkung verholfen werden: dem »Römerbad« mit seinem Stibadium, der Aussichtskanzel im Norden, den Bastionen der Parkmauern. Der Teich am Parkportal wurde saniert und vergrößert, damit seine Wasserfläche auch von der Terrasse der Villa aus wahrgenommen werden kann. Die Hangmauer zum Neubau hin wurde nach dem Bau der Tiefgaragenzufahrt wiederhergestellt. Sie hatte als Begrenzung zwischen dem oberen Herrschaftspark und dem unteren Nutzgarten gedient und setzt nun den Bereich der alten von dem der neuen Villa ab.

Dialektik von Trennen und Verbinden: Denn zugleich verbindet ein Rundweg den einen mit dem anderen Teil. Im unteren Garten wurden die erhaltenen Bestände aus der Nutzungsgeschichte des Ortes ergänzt, die Obstbaum- und Spalierobstplantagen am abschüssigen Hang. Neu gepflanzt sind zwei Platanengruppen, die mit ihren kastenförmig geschnittenen Kronen und regelmäßigen Sechserreihen zwischen architektonischer Disziplin und willkürlicher Natur vermitteln. Im Lageplan sind diese unterschiedlich breiten Baumformationen gegeneinander versetzt und machen so das ambivalente Spiel der Bauvolumen auf ihre Art mit.

Frei modelliert ist dagegen die Wiese, die vor die Nordseite des Neubaus gelegt ist. Sie greift die informellen Grünräume des oberen Parks auf und gibt den Benutzern des Gartengeschosses das Gefühl, auf einer Höhe mit der Landschaft zu leben. Hier hat der französische Künstler Bernar Venet stählerne Halbringe aufgestellt, ein Motiv, mit dem er oft gearbeitet hat. Venet, Jahrgang 1941, bewegt sich in seinem Œuvre zwischen Konstruktion, Minimalismus und Konzeptkunst. Elementare Formen interpretieren den Raum, setzen ihr Umfeld unter Spannung. Vor der Hangkante im Park der neuen Villa Bosch erhebt sich ein Kreissegment über das andere in flachem Steigungswinkel. In ihrer präzisen, aber gestörten Form gehen sie dem Thema der Mehrdeutigkeit auf ihre skulpturale Weise nach. Trotz ihrer labilen Lage übernehmen sie die Abschirmung gegenüber der Weite des Ausblicks, öffnen sich zum Bauwerk und kehren ihre konvexen Kurven der Ferne zu.

Die Karriere eines Architekten

Landschaftsgestalter und Künstler gehören derselben Generation an wie der Architekt. Alle drei haben noch Kriegserinnerungen, aber der größere Teil ihrer Kindheit fiel in die Jahre des Neuanfangs nach 1945. Tradition begegnete ihnen nicht ohne Zäsuren. Peter Kulka, mit dem Geburtsjahr 1937 der älteste von ihnen, ließ es in seinem früheren Werk langsam angehen. Der Schöpfer des neuen Bosch-Gebäudes war kein Schnellstarter. Er sicherte die erarbeiteten Positionen ab, revidierte, was nicht mehr haltbar schien, ohne den jeweiligen Aktualitäten nachzujagen. Noch in den späten achtziger Jahren konnte eine internationale Fachzeitschrift ihn als zwar brillanten, aber fast unbekannten Architekten bezeichnen.[10] Der Lebensweg des gebürtigen Dresdners hatte ihn von Ost nach West geführt und, nach der Vereinigung beider deutscher Staaten, auch wieder nach Ost. In Dresden unterhält er ein zweites Büro, das erste blieb in Köln.

Architekt zu werden, war in der DDR keine leichte Berufsentscheidung. Kulkas Vater, im Krieg gefallen, war gleichfalls Architekt gewesen. Das galt im Arbeiter- und Bauern-Staat als bürgerliche Herkunft. Zudem konnte die Familie dem Regime nichts abgewinnen – eine weitere erschwerte Startbedingung. Da hieß es, als Maurer anzufangen. Studiert hat Kulka dann an der Kunsthochschule Berlin-Weißensee bei Selman Selmanagić, einem Schüler von Mies van der Rohe, dem in der DDR die Starkarriere eines Hermann Henselmann oder Richard Paulick verwehrt blieb. Ihm wurden offenbar seine Tätigkeit im Berliner Planungskollektiv und seine Bindung an die Bauhaustradition, die im Osten lange Zeit verfemt war, nicht vergeben.

Nach dem Studium arbeitete Kulka bei prominenten Architekten unterschiedlicher Provenienz, erst bei Hermann Henselmann in Ostberlin, dann bei Hans Scharoun in Westberlin. Ein großes Projekt, mit dem sich sein Name – zusammen mit dem anderer Kollegen – verband, war die Reformuniversität in Bielefeld (1970–76), ein Kind der 68er-Pädagogik. Durch die doppelte Kammstruktur des Megabauwerks zieht sich eine Glashalle, die als überdachte öffentliche Straße (»Forum«), als antiautoritäres Element gemeint war. Ganz so habe er sich's nicht gedacht, überliefert Kulka die Reaktion Rudi Dutschkes, des charismatischen Revolutionärs aus den Tagen der Studentenrevolten.

Wer sich die Moderne unter so vielen persönlichen Opfern angeeignet hat wie Kulka, verzichtet nicht leichtfertig auf ihre Grundsätze. Die Erweiterung der Benediktinerabtei Königsmünster in Meschede (1984–87), wo ihn Kulkas zeitweiliger Seniorpartner Hans Schilling einführte, mochte mit ihrem winklig gebrochenen Gang, ihrem halbtonnengedeckten Refektorium, ihrer kleinen, schräggestellten (weil in Richtung Osten orientierten) Wegkapelle manchen an postmodernen Informalismus erinnern. Aber vorherrschend war doch der Charakter einer Armut, die Poesie nicht ausschloß. Kulka praktiziert eine kritisch reflektierte Baukunst, die Disziplin, Logik und Strenge nie zugunsten von Stimmungswerten opfert.

Seit der Fertigstellung des Sächsischen Landtags in Dresden (Plenarsaalgebäude 1991–93) zählt der damals 56 Jahre alte Architekt zu den vielgenannten Namen der deutschen Nachkriegsarchitektur. In seiner Großzügigkeit und Konsequenz war der Landtag gewiß nur in den unmittelbaren Nach-Wende-Jahren möglich: ein gebau-

Rossow in Berlin, two masters of the green métier, before going free-lance in 1970. A large number of his commissions like the Westpark in Munich, the Engelhalde landscape park in Kempten, and open space designs for the university in Erfurt and the college in Regensburg came from winning first prize in competitions.

In Stuttgart's Heidehofstraße Kluska put his skills at the service of the ambiguities of the task, the dualism of the upper park and lower garden, and the subtle ambivalences of the new building. Kluska saw it as a point of honour to bring out and regain key features of the historic garden on the higher part of the site around the old Villa Bosch, the legacy of Friedrich Wilhelm Hackländer's day. Wild growth from past decades had to be cleared from viewing axes and garden areas in the historical park, and the little pieces of architecture had to be helped to make an impact again: the »Roman baths« with their stibadium, the viewing platform on the north side, the bastions of the park walls. The pool by the park gate was refurbished and enlarged so that its surface could be seen from the villa terrace as well. The retaining wall on the new building side was reconstructed after access to the underground car park had been built. It had served as a boundary between the stately upper park and the working garden below, and now demarcates the areas occupied by the old and new villas.

The dialectic of dividing and combining: there is also a path connecting one part with the other. In the bottom garden the surviving stocks from the site's historical use were extended, the fruit tree and espalier plantations on the downward slope. Two groups of plane trees have been newly planted. Their crowns, trimmed into a box shape, and regular rows of six mediate between architectural discipline and arbitrary nature. On the site plan these tree formations of different width are staggered in relation to each other, thus joining in the ambivalent building volume game in their own way.

But the grassy area on the north side of the new building is freely modelled. It echoes the informal green spaces in the upper park and makes the users of the garden storey feel that they live on the same level as the countryside. Here the French sculptor Bernar Venet has hung steel semicircles, a motif he has often worked with before. Venet was born in 1941, and his oeuvre moves between construction, minimalism and concept art. Basic forms interpret the space, subject their surroundings to a state of tension. By the edge of the slope in the new Villa Bosch's park one segment of a circle stands above another, rising at a shallow angle. Their precise but slightly disturbed form investigates the theme of ambiguity in sculptural terms. Despite their unstable position they act as a screen against the breadth of the view, opening up to the building and turning their convex forms away from the distance.

An architect's career

The landscape designer and the artist come from the same generation as the architect. All three can still remember the war, but most of their childhood was spent in the years of the new beginning after 1945. So they could not take up tradition without any break. Peter Kulka, the eldest, born in 1937, let things move forward slowly in his early work. The man who created the new Bosch building was not quick off the mark. He secured the positions he had worked to achieve, revised things that did not seem tenable any longer, without chasing after the trends of the day. Even in the late eighties an international specialist magazine was able to call him a brilliant but almost unknown architect.[10] He was born in Dresden, and his life brought him from east to west, and after German reunification, back to the east again. He has a second office in Dresden, the first remained in Cologne.

It was not easy to decide to pursue the profession of architect in the GDR. Kulka's father was killed in the war, and had himself been an architect. This counted as coming from bourgeois stock in the Workers' and Farmers' State. The family couldn't get anything out of the regime either – another factor that made starting up difficult. The only thing to do was start as a bricklayer. Kulka then studied at the art college in Weißensee, Berlin, under Selman Selmanagić, a pupil of Mies van der Rohe who never reached starry heights like those enjoyed by Hermann Henselmann or Richard Paulick. He was apparently never forgiven for working in the Berlin planning collective and for his attachment to the Bauhaus tradition, which was outlawed in the east for a long time.

After studying, Kulka worked with distinguished architects from different spheres, first with Hermann Henselmann in East Berlin and then with Hans Scharoun in West Berlin. One major project linked with his name – and those of other colleagues – was the reform university in Bielefeld (1970–76), a product of '68 educational doctrines. A glass hall runs through the double comb structure of the mega-building. As a roofed public street (»forum«), this was meant to be an anti-authoritarian element. Kulka has passed on that Rudi Dutschke, the charismatic figure from the days of student revolutions, said this was not quite how he had imagined things.

If someone has made so many sacrifices to make Modernism his own as Kulka did, he is not likely to abandon its principles lightly. The extension to the Benedictine abbey of Königsmünster in Meschede (1984–87), where Hans Schilling, Kulka's senior partner for a time, introduced him, may remind some people of postmodern informalism with its corridor broken at angles, its half barrel-vaulted refectory and its little wayside chapel placed obliquely (because it faces east). But the dominant feature is in fact a kind of poverty that did not exclude poetry. Kulka practises an architecture of critical reflection that never sacrifices discipline, logic and rigour to atmospheric values.

Since completing the regional parliament of Saxony in Dresden (plenary chamber building 1991–93), the architect, who was 56 years old at the time, has counted as a much-mentioned name in post-war German architecture. This parliament building has a lavishness and a consistent quality that would certainly have been possible only immediately after the fall of the Berlin Wall: a built pathway in steel and glass ending up in the rotunda of the plenary chamber. The great river makes a visual impact on the building, and in fact unfortunately made an actual impact when the Elbe burst its banks in 2002. The parliament building is a magnificent continuation of the series of cultural and political buildings running down the river, as a link in the chain of synagogue, Brühlsche Terrasse, Ständehaus, Schloß, Hofkirche and Semperoper.

ter Weg in Stahl und Glas, der in der Rotunde des Plenarsaals sein Ziel findet. Der große Fluß wirkt optisch in das Bauwerk hinein, tat es faktisch leider auch bei der Elbe-Überschwemmung des Jahres 2002. Die Reihe der elbabwärts gereihten Kultur- und Politikbauten setzt der Landtag großartig fort, als Glied in der Kette von Synagoge, Brühlscher Terrasse, Ständehaus, Schloß, Hofkirche und Semperoper.

Wie Günter Behnischs gleichzeitiger Bundestag in Bonn dokumentiert das Parlament in Dresden ein zeitgenössisches Verständnis von Demokratie. Behnischs Auflösung fester Formen und die splitternde Dynamik im Detail machte Kulka freilich nicht mit. Sein Parlamentarierhaus wirkt gebauter, mehr an Mies van der Rohe orientiert, ohne die vielen erzählerischen Details des Behnisch-Baus. Gleichwohl hat ihn kein Kompliment mehr gefreut als das Lob, das der ältere Kollege ihm ausrichten ließ. Der Dresdner Auftrag war für Kulka der Anlaß, in die Stadt seiner Kindheit zurückzukehren. 1937 geboren, hat er seine Erinnerungen an die noch unzerstörte Stadt mit ihren feudal-festlichen und bürgerlich-intimen Stadträumen bewahrt.

Als habe das weithin gerühmte Bauwerk einen Knoten in der Produktivität Kulkas und auch in seiner Auftragslage gelöst, entstand eine Folge bedeutender Bauten und Projekte. Bei manchen bringt Kulka elementare Formen ins Spiel, pflegt sie mit Eleganz oder gewinnt ihnen minimalistische Wirkungen ab. Das Haus der Stille, wiederum in Meschede (1999–2001), geht in seiner Kargheit bis zu jenem Punkt, an der Schweigsamkeit in Konzentration und Meditation umschlägt. So vollzieht der Bau auch in seiner Architektur die Vorgänge, denen er gewidmet ist. Ein Ort in der Welt, der nicht zu dieser Welt gehört, wie es im Johannes-Evangelium heißt (17, 10–17).

Für die unrealisierten Sportstätten in Chemnitz (1995, mit Ulrich Königs) und Leipzig (2002) hat Kulka ein ganz anderes Repertoire entwickelt. Denn: »Ich glaube nicht, daß *eine* Idee heute ein ganzes Leben reicht.«[11] Wolkenartige Dachstrukturen schweben als lichtdurchlässige Membranen über frei geformten Territorien. »Himmelsschaften« hat Kulkas Lehrmeister Scharoun solche Dachlandschaften über den Erdlandschaften genannt. Ihre Lasten werden von scheinbar zufällig gesetzten und geneigten Masten aufgenommen, einem lichten Hain aus Stämmen. Der Geist der Münchner Olympiabauten von Günter Behnisch und seinem Team sowie Frei Otto fand in diesen unausgeführten Projekten eine originale Fortsetzung – fern der »Hexenkessel«-Mentalität, die heute von den großen Sportklubs bei ihren Neubauten vertreten wird. Sport hat hier noch etwas mit Lust, Spiel und freier Selbsterprobung zu tun, auch wenn Statik und komplexe Konstruktion dem Tragwerksplaner olympische Höchstleistungen abgefordert hätten.

Andere Aufgaben führten Kulka zu Auseinandersetzungen mit historischem Bestand. In Regensburg griff der Architekt das Bild der Geschlechtertürme auf, bezog die mittelalterlichen Mauerreste ein und übersetzte die Erinnerung in eine ganz und gar heutige Doppelfigur, einen modernen Stadteingang aus Stein und Glas (1999). Dem schönen Projekt kam leider der Investor abhanden. In Schinkels Deutschem Schauspielhaus (heute Konzerthaus) in Berlin vereinte der Einbau eines Proben- und Konzertsaals (2002/03) hohen technologischen Standard – Hubböden, mobile Lichttechnik und veränderbare Akustik über der Streckmetalldecke – mit der Suche nach der einfachen Lösung. Bei der Restaurierung von Wilhelm Kreis' Deutschem Hygiene-Museum in Dresden, das aus den späten zwanziger Jahren stammt, arbeitete Kulka aus dem zwischen Modernismus und Pathetik changierenden Bau asketische Raumqualitäten heraus (1999–2005).

Der Innenausbau des Ostflügels des Dresdner Schlosses und die Überdachung des kleinen Schloßhofs wird Kulkas Fähigkeit, Einfühlung und Selbstbehauptung zu vereinen, aufs neue herausfordern. Seine Interventionen sind beglückende Bestätigungen, daß nachbuchstabierende Rekonstruktion und vergangenheitsseliges Remake nicht die einzigen Antworten auf die Zeugnisse der Geschichte sein müssen. Geschichte kommt auch und gerade dann zur Sprache, wenn sie mit dem ganz anderen konfrontiert wird. Das gilt um so mehr, wenn sie – wie beim Neubau für Bosch – dem »ganz anderen« in Maßen, Proportionen und Haltung entgegenkommt. Oft genug reagierte die Moderne mit dem schroffen Bruch auf die Gegenwart der Vergangenheit. Hier tritt sie dem Alten mit Selbstbewußtsein, aber nicht mit Arroganz zur Seite.

Auf dem Bosch-Gelände hatte sich die Verbindung von Selbstrespekt und Entgegenkommen noch ein weiteres Mal zu bewähren, bei der Planung für die sogenannte »kleine Bosch-Stiftung«. Unter die frei stehenden Einfamilienhäuser, die zwischen Heidehofstraße und Straußweg eine zwanglos zusammengewürfelte Nachbarschaft bilden, mischt sich ein neues Satteldachhaus, das gleichfalls von Kulka entworfen ist. Dach und Außenwände werden homogen mit Aluminiumtafeln bekleidet. Das Thema Sockel kehrt wieder, spielt auf den großen Bau an, aber auch auf die benachbarten Wohngebäude, die das Gefälle mit ihren Untergeschossen auszugleichen haben. Hier nimmt der Sockel die Büros der Stiftung für Bildung und Behindertenförderung auf. Darauf sitzt ein fast idealtypisch wirkendes Wohnhaus mit drei von Wandschotten getrennten Maisonnette-Einheiten.

Kulka ist ein Architekt, der seine Sache sanft, aber beharrlich vertritt. Er argumentiert nicht mit der Hartnäckigkeit dessen, der Künstlerrecht über Benutzerwunsch stellt, und weiß, daß kompetente Einwände und Gegenmeinungen ein Projekt besser machen können. Über die Qualität entscheidet nicht allein der erste Entwurf, sondern der Prozeß, in dem der Entwurf Realität annimmt. Im Falle der Robert Bosch GmbH fand Kulka einen Auftraggeber, der – anders als die anonymen Kapitalgesellschaften – präzise und hohe Ansprüche hatte. Die Leute von Bosch gingen von der Vorstellung aus, ein Gehäuse, in dem die Traditionen des Unternehmens weitervermittelt werden, müsse auch in Form und Materialität die Qualitäten verkörpern, zu denen sich die Firma in ihrer Produktion und in ihren Aktivitäten bekennt. Die Botschaft klingt nach einer Geschichte aus uralten Zeiten, in denen Häuser länger Bestand hatten, als die Abschreibungsfristen es erforderten, und Bauherren noch Menschen mit Ansichten und Absichten waren, die ihre Ansichten und Absichten in der Architektur ausgedrückt sehen wollten.

Was sie sich von ihrem Neubau versprachen, hatten die Auftraggeber bereits in ihrer Wettbewerbsausschreibung formuliert: »Tradition und Solidität auf der einen Seite und zukunftsorientierte Innovationskraft auf der anderen«. Fassaden und Innenräume, wünschten sich die Bauherren, sollten »in angemessener und einfacher Weise Eleganz« zeigen, »ohne überheblich zu wirken«.[12] Und das bekamen sie auch.

[1] Andrea Palladio, *I quattro libri dell'architettura*, Venedig, 1570. Deutsch nach: *Die vier Bücher zur Architektur*, hg. und übersetzt von Andreas Beyer und Ulrich Schütte, Zürich und München, 1983. S. 161 ff.
[2] Zur Baugeschichte der Villa Bosch: Rainer Müller, *Das Robert-Bosch-Haus*, Stuttgart, 1988. Die Passagen über den historischen Bau folgen dieser Darstellung. Bei Müller, S. 9 ff., auch ein Kapitel über die Villa der Antike und der italienischen Renaissance im Zusammenhang mit der Villa Bosch. Für Hinweise und Unterstützung bin ich dem Autor dankbar.
[3] Hermann Muthesius, *Das moderne Landhaus und seine innere Ausstattung*, München, 1905², S. XI. – In der übrigen zeitgenössischen Publizistik war der Wortgebrauch Villa und Landhaus nicht streng definiert. Das Baugesuch von 1909 spricht vom »Landhaus Bosch«.
[4] Julius Posener, in: *Hermann Muthesius 1861–1927*, Ausstellungskatalog, Akademie der Künste, Berlin, 1977, S. 9.
[5] Rainer Müller, a. a. O., S. 58.
[6] Robert Bosch, 1935, zit. in: *Robert Bosch Stiftung. Auftrag und Programm*, Stuttgart, 2003.
[7] In: *wettbewerbe aktuell*, Freiburg i. Br., 2001/1, S. 39 ff.
[8] Hermann Muthesius, *Das englische Haus*, Bd. 1, Berlin, 1908², S. 9.
[9] Hermann Muthesius, a. a. O., Bd. 2, Berlin, 1910², S. 123.
[10] »Un architetto brillante e ancora quasi sconosciuto«, in: »Peter Kulka. Ampliamento del monastero benedittino Königsmünster«, *domus*, 703, Mailand, März 1989, S. 36.
[11] Peter Kulka, in: Susanne Kippenberger, »Er hatte einen Traum«, *Der Tagesspiegel*, Berlin, 29. 9. 2002.
[12] Beschränkter Realisierungswettbewerb. Weiterbildungs- und Bürogebäude Stuttgart Heidehofstraße, Wettbewerbsunterlagen, Stuttgart, o. J. (2000), S. 17, 19.

Like Günter Behnisch's Bundestag in Bonn, which dates from the same time, the Dresden parliament documents a contemporary understanding of democracy. Admittedly Kulka did not go along with the way Behnisch dissolved solid forms and his splintering detail dynamic. His parliament building seems more built, more inclined towards Mies van der Rohe, without the many narrative details of the Behnisch building. Even so, no compliment pleased him more than the praise that came from his older colleague. The Dresden commission was Kulka's reason for going back to the city of his childhood. Born in 1937, he could still remember the city before it was destroyed, with is feudally festive and intimately bourgeois urban spaces.

This building was praised far and wide, and seems to have loosened a knot in Kulka's productivity, and also in his position relating to commissions; a sequence of important buildings and projects followed. Kulka brought elemental forms into play for some of them, tending them elegantly or teasing minimalist effects out of them. The Haus der Stille (House of Silence), again in Meschede (1999–2001) takes frugality to the point where silence becomes concentration and meditation. Thus even the architecture of the building acts out the processes to which it is dedicated. A place in the world that is not of the world, as it says in the St. John's Gospel (17, 10–17).

Kulka developed a quite different repertoire for the unrealized sports facilities in Chemnitz (1995, with Ulrich Königs) and Leipzig (2002). Because: »I do not feel that one idea is enough for a lifetime today.«[11] Cloud-like roof structures in the form of translucent membranes float above freely formed territories. Kulka's teacher Hans Scharoun used to call roof landscapes like these above earth landscapes »heavenscapes«. Their load is taken by masts that are apparently placed and angled randomly, a light grove of trunks. These unbuilt projects are an original continuation of the spirit of the Munich Olympics buildings by Günter Behnisch and his team and Frei Otto – a long way from the »witches' cauldron« mentality that big sports clubs now adopt for their new buildings. In Kulka's designs, sport is still associated with pleasure, games and freely testing oneself, even though statics and complex structure may have demanded top Olympic performances from the structural engineers.

Other commissions found Kulka addressing historic building stock. In Regensburg the architect took up the image of the patrician towers, included the remains of the medieval walls and translated the memory into a double figure that is utterly and completely of today, a modern town gate in steel and glass (1999). This beautiful project unfortunately lost its developer. In Schinkel's Deutsches Schauspielhaus (now concert hall) in Berlin, Kulka's added rehearsal and concert hall (2002/03) combines high technical standards – rising floors, mobile lighting rig and an expanded metal ceiling for manipulating acoustics – with the search for a simple solution. When restoring Wilhelm Kreis's Deutsches Hygiene-Museum in Dresden, dating from the twenties, Kulka developed ascetic spatial qualities from this building shimmering between Modernism and monumantalism (1999–2005).

The interior finish to the east wing of the Schloß in Dresden and the roofing for the little Schloß courtyard will present a new challenge to Kulka's ability to combine empathy and self-assertion. His interventions are happy confirmations that literal reconstruction and remakes driven by the past do not have to be the only answers to manifestations of history. History also becomes eloquent when, and indeed precisely when, it is confronted with something quite different. This applies all the more when it – as in the case of the new Bosch building – corresponds with the thing that is »quite different« in terms of scale, proportion and attitude. Modernism often enough responds by breaking abruptly with the presence of the past. Here it stands beside the old building self-confidently, but not arrogantly.

The combination of self-respect and co-operation proved itself again on the Bosch site during the planning process for the »small Bosch Foundation«. A new building with a gable roof, also designed by Kulka, is mingling with the detached houses that make up an informally haphazard neighbourhood between Heidehofstraße and Straußweg. The roof and outside walls are homogeneously covered with aluminium panels. The pedestal theme returns, alluding to the large building, but also to the neighbouring dwellings, whose basement storeys have to compensate for the slope. Here the plinth accommodates the offices of the Stiftung für Bildung und Behindertenförderung. On top of it sits an almost ideal-typical house, with three maisonnette units separated by bulkhead walls.

Kulka is an architect who presents his case gently, but tenaciously. He does not argue with the kind of stubbornness of those who place the artist's rights above users' rights, and he is aware that expert objects and different opinions can make a project better. Quality is not decided by the first design alone, but by the process that takes the design towards reality. In Robert Bosch GmbH Kulka found a client who – unlike anonymous corporations listed on a stock exchange – has precise and high standards. The Bosch people worked on the assumption that a building in which the company's traditions are being passed on must adopt a form and materials embodying the standards which the company is committed to in its own production and activities. This message sounds like a story from ancient days when buildings were built to last longer than the write-off times demanded, and when clients were still human beings with views and intentions who wanted to see those views and intentions expressed in architecture.

The clients had already formulated what they promised themselves from their new building in the competition brief: »Tradition and solidity on the one hand and innovative powers with an eye on the future on the other.« The clients said that façades and interiors should demonstrate »elegance appropriately and simply, without seeming arrogant«.[12] And that is what they got.

[1] Andrea Palladio, *I quattro libri dell'architettura*, Venice, 1570.
[2] For the Villa Bosch's building history: Rainer Müller, *Das Robert-Bosch-Haus*, Stuttgart, 1988. The passages about the historical building are based on this account. Müller, p. 9 ff., also has a chapter on the villas of antiquity and the Italian Renaissance in the context of the Villa Bosch. I am grateful to the author for advice and support.
[3] Hermann Muthesius, *Das moderne Landhaus und seine innere Ausstattung*, Munich, 1905², p. XI. – Other contemporary journalism did not define the terms villa and country house (»Landhaus«) strictly. The 1909 planning application refers to the »Landhaus Bosch«.
[4] Julius Posener, in: *Hermann Muthesius 1861–1927*, exhibition catalogue, Akademie der Künste, Berlin, 1977, p. 9.
[5] Rainer Müller, loc. cit., p. 58.
[6] Robert Bosch. 1935. Quoted in: *Robert Bosch Stiftung. Auftrag und Programm*, Stuttgart, 2003.
[7] In: *wettbewerbe aktuell*, Freiburg im Breisgau, 2001/1, p. 39 ff.
[8] Hermann Muthesius, *Das englische Haus*, vol. 1, Berlin, 1908², p. 9.
[9] Hermann Muthesius, loc. cit., vol. 2, Berlin, 1910², p. 123.
[10] »Un architetto brillante e ancora quasi sconosciuto«. In: »Peter Kulka. Ampliamento del monastero benedittino Königsmünster«, *domus*, 703, Milan, March 1989, p. 36.
[11] Peter Kulka. In: Susanne Kippenberger, »Er hatte einen Traum«, *Der Tagesspiegel*, Berlin, 29. 9. 2002.
[12] Invited competition. Weiterbildungs- und Bürogebäude Stuttgart Heidehofstraße, competition documents, Stuttgart, n. y. (2000), pp. 17, 19.

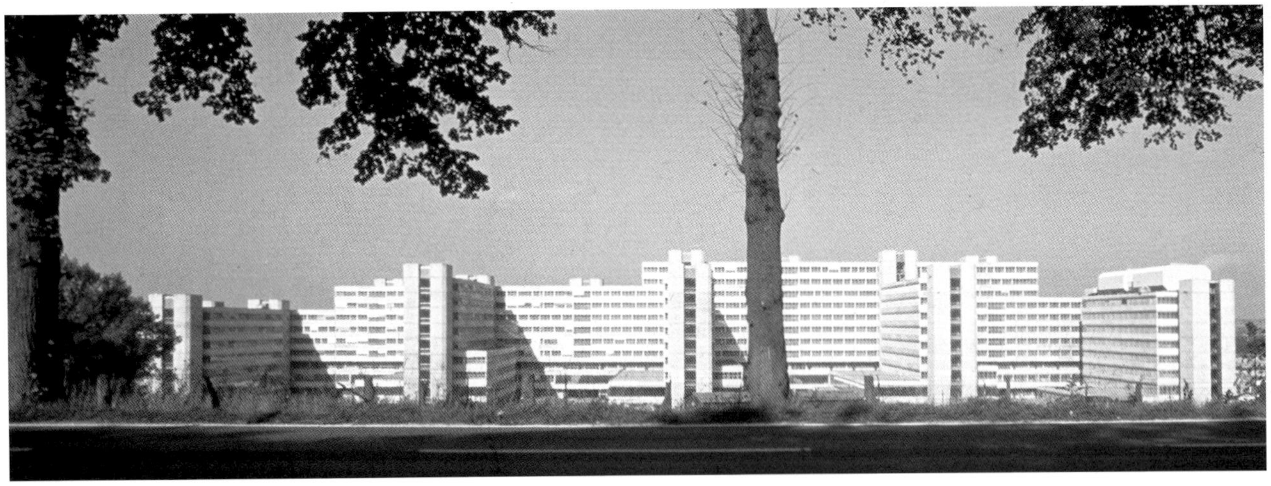

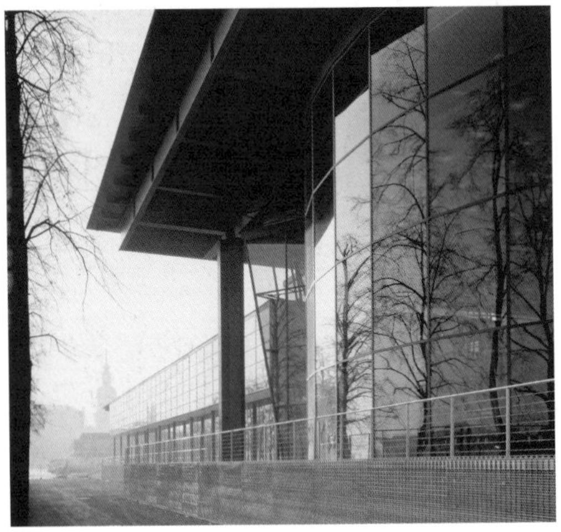

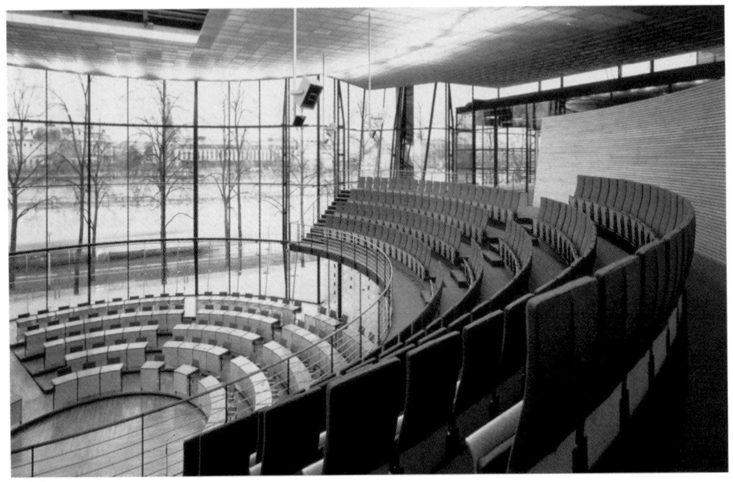

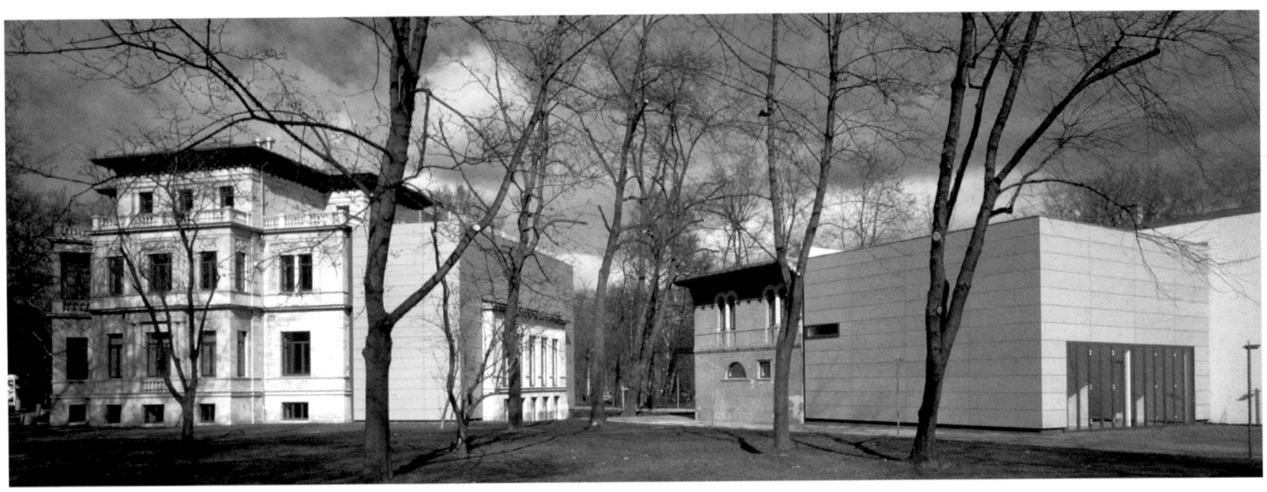

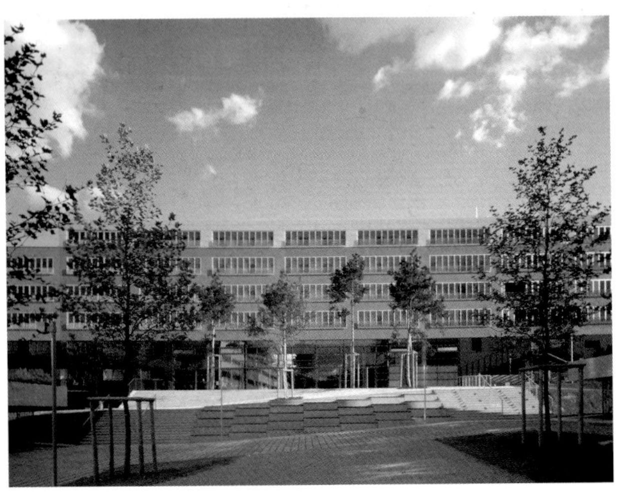

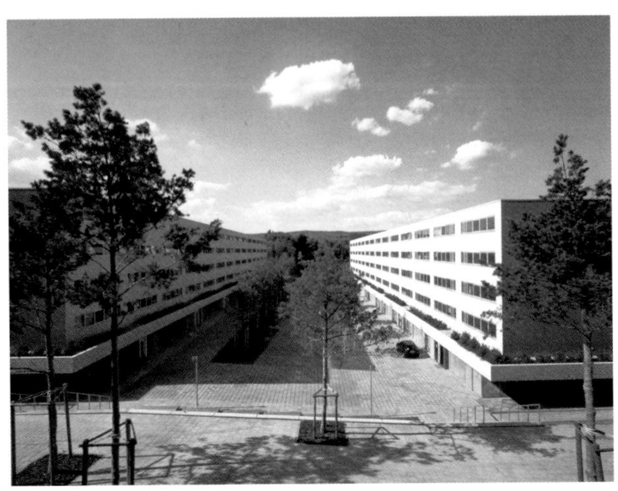

1. Peter Kulka mit Köpke, Töpper, Herzog und Siepmann, Universität Bielefeld, 1970–76. (Photo: Archiv Peter Kulka.)
2, 3. Peter Kulka, Sächsischer Landtag, Dresden, 1991 bis 1997. (Photos: Jörg Schöner.)
4. Peter Kulka, Galerie für Zeitgenössische Kunst, Leipzig, 1994–98. (Photo: H. C. Schink.)
5, 6. Peter Kulka, Wohnbebauung Hollerborn Kleinfeldchen, Wiesbaden, 1994–98. (Photos: Lukas Roth.)

1. Peter Kulka with Köpke, Töpper, Herzog und Siepmann, University of Bielefeld, 1970–76. (Photo: Peter Kulka archive.)
2, 3. Peter Kulka, regional parliament of Saxony, Dresden, 1991–97. (Photos: Jörg Schöner.)
4. Peter Kulka, Galerie für Zeitgenössische Kunst, Leipzig, 1994–98. (Photo: H. C. Schink.)
5, 6. Peter Kulka, Hollerborn Kleinfeldchen housing estate, Wiesbaden, 1994–98. (Photos: Lukas Roth.)

7. Peter Kulka mit Ulrich Königs, Sportstadion Chemnitz, 1995, Projekt. (Photo: Henryk Urbanietz.)
8, 9. Peter Kulka, S-Bahn-Station Bayerischer Platz, Leipzig, 1997–2008.
10, 11. Peter Kulka mit Konstantin Pichler, Haus der Stille, Gästehaus für die Benediktinerabtei Königsmünster, Meschede, 1999–2001. (Photos: Keith Collie.)
12, 13. Peter Kulka mit Henryk Urbanietz, Wohn- und Geschäftshaus in Regensburg, 1999–2003, Projekt.

7. Peter Kulka with Ulrich Königs, Sportstadion Chemnitz, 1995, project. (Photo: Henryk Urbanietz.)
8, 9. Peter Kulka, suburban train station Bayerischer Platz, Leipzig, 1997–2008.
10, 11. Peter Kulka with Konstantin Pichler, Haus der Stille, guest house for the Königsmünster Benedectine abbey, Meschede, 1999–2001. (Photos: Keith Collie.)
12, 13. Peter Kulka with Henryk Urbanietz, residential and commercial building in Regensburg, 1999–2003, project.

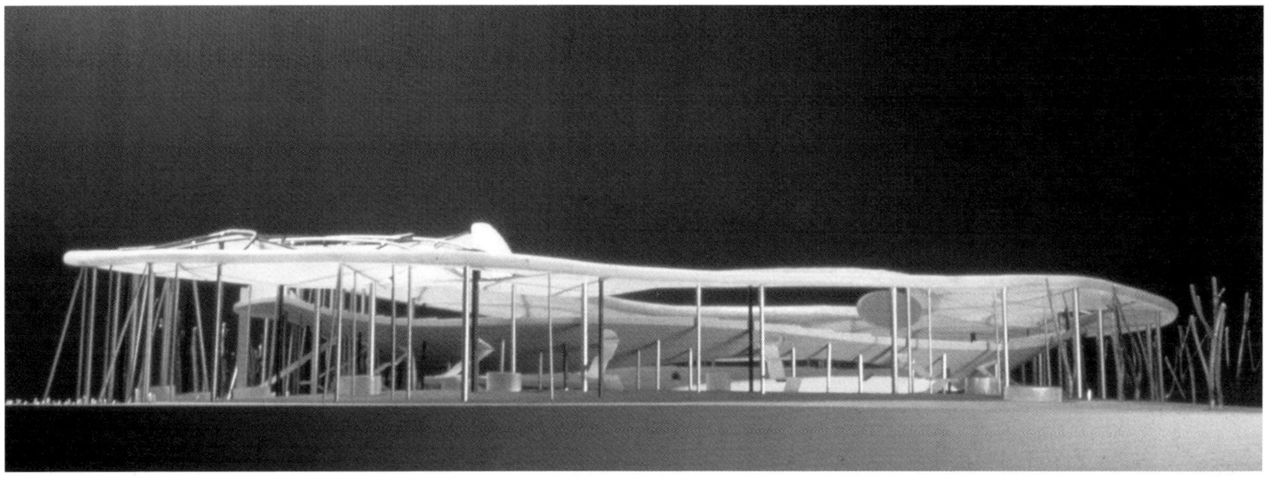

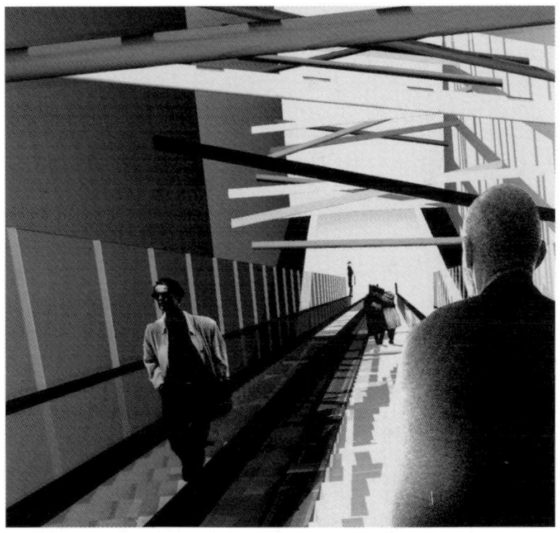

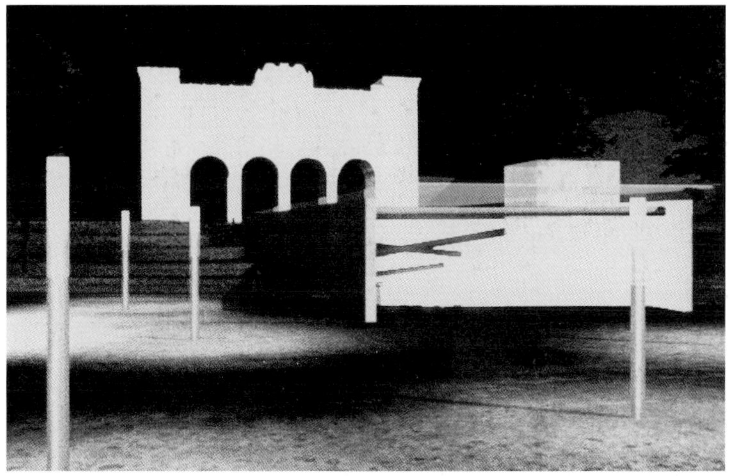

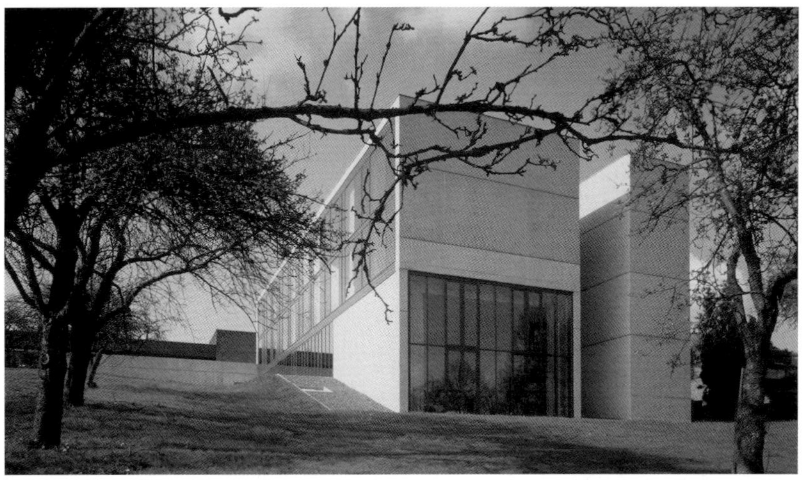

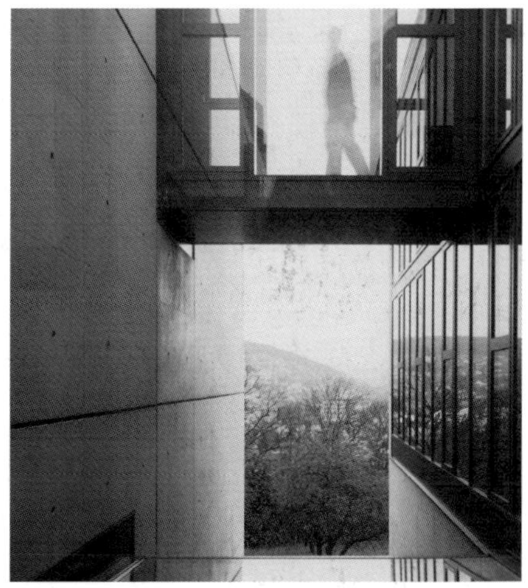

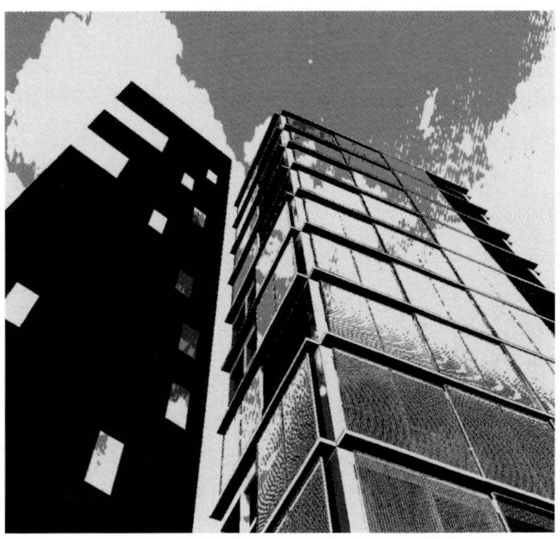

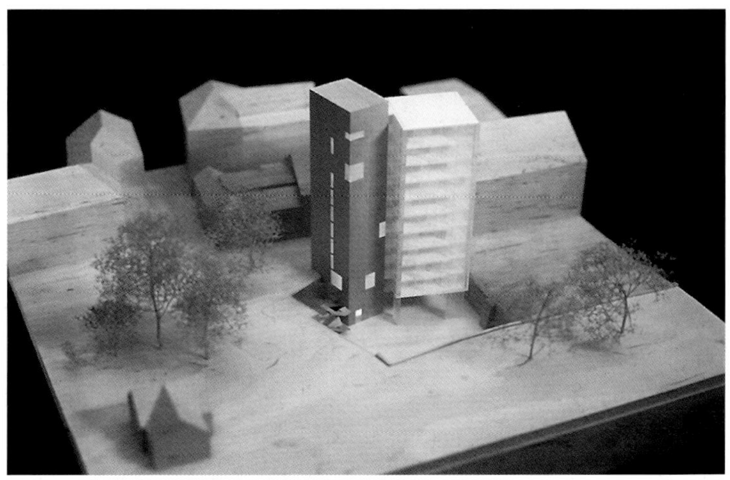

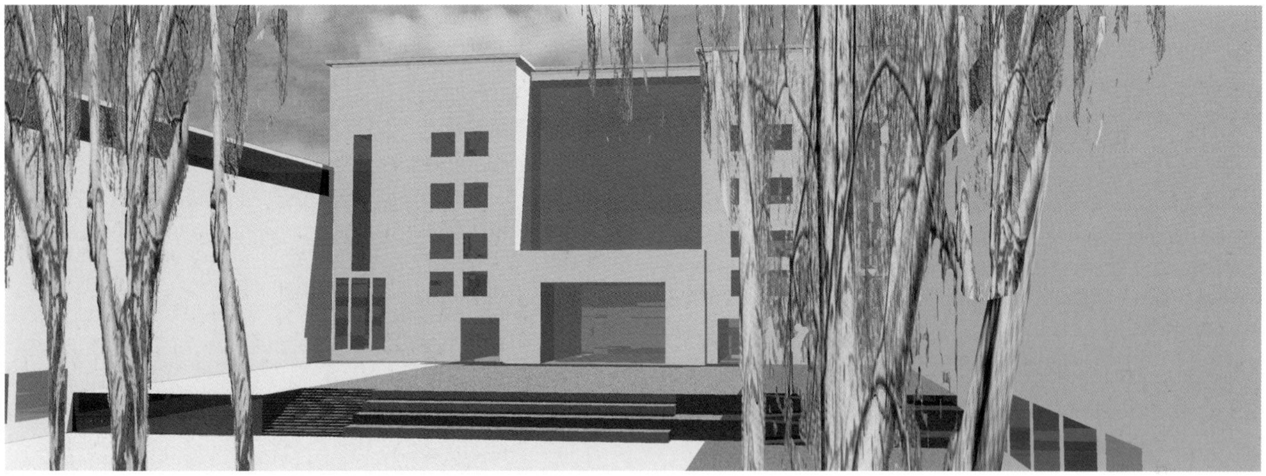

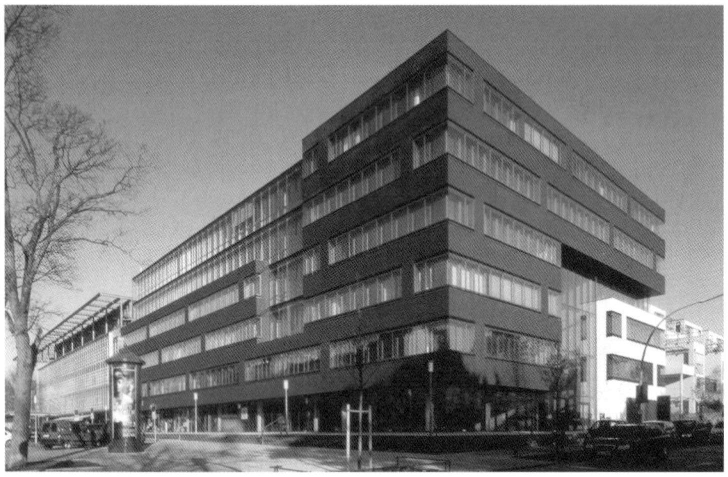

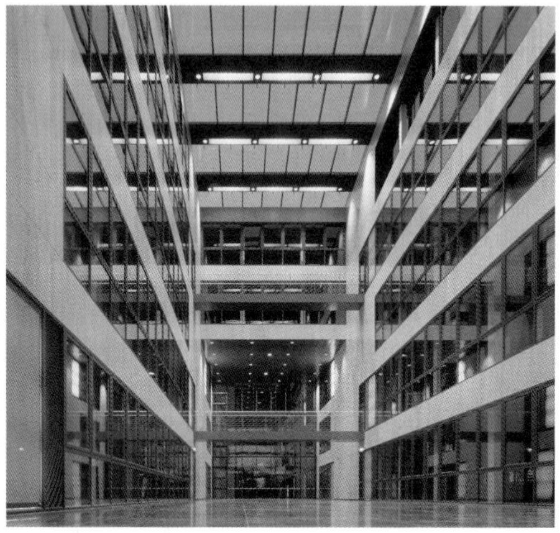

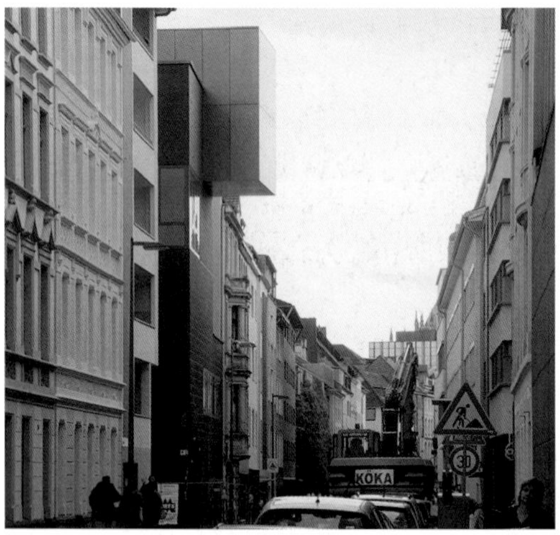

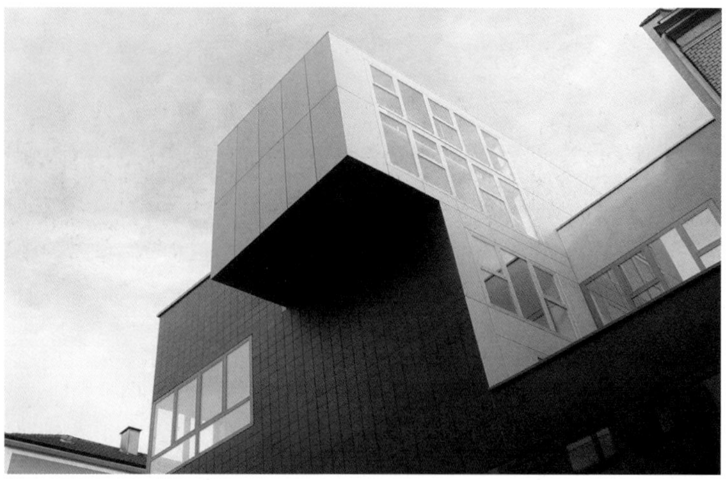

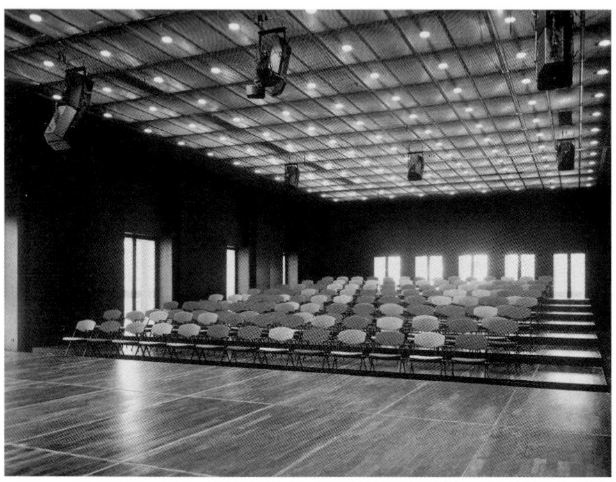

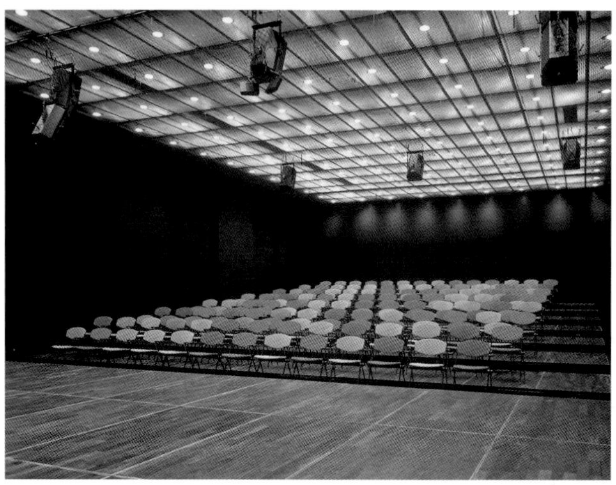

14. Peter Kulka mit Sichau & Walter, Rekonstruktion und Umbau des Deutschen Hygiene-Museums, Dresden, 1999–2005.
15, 16. Peter Kulka, Multimedia Centre Rotherbaum, Hamburg, 2000–03. (Photos: Lukas Roth.)
17, 18. Peter Kulka, Wohn- und Geschäftshaus in Köln, 2000–04.
19, 20. Peter Kulka, Werner-Otto-Saal im Konzerthaus Berlin, 2002/03. (Photos: Roland Halbe.)

14. Peter Kulka with Sichau & Walter, reconstruction and conversion of the Deutsches Hygiene-Museum, Dresden, 1999–2005.
15, 16. Peter Kulka, Multimedia Centre Rotherbaum, Hamburg, 2000–03. (Photos: Lukas Roth.)
17, 18. Peter Kulka, residential and office building in Cologne, 2000–04.
19, 20. Peter Kulka, Werner-Otto-Saal in the Konzerthaus Berlin, 2002/03. (Photos: Roland Halbe.)

21, 22. Peter Kulka, Umbau des Alten Hofes, München, 2003–08.
23, 24. Peter Kulka mit Henryk Urbanietz, Feuerwache in Heidelberg, 2002–06.
25, 26. Peter Kulka, Büro- und Wohngebäude in Stuttgart, 2003–06.
27, 28. Peter Kulka mit Philipp Stamborski, Wiederaufbau des Ostflügels des Residenzschlosses in Dresden, 2004 bis 2008.

21, 22. Peter Kulka, conversion of the Alter Hof, Munich, 2003–08.
23, 24. Peter Kulka with Henryk Urbanietz, fire station in Heidelberg, 2002–06.
25, 26. Peter Kulka, office and residential building, Stuttgart, 2003–06.
27, 28. Peter Kulka with Philipp Stamborski, reconstruction of the east wing of the royal castle in Dresden, 2004 to 2008.

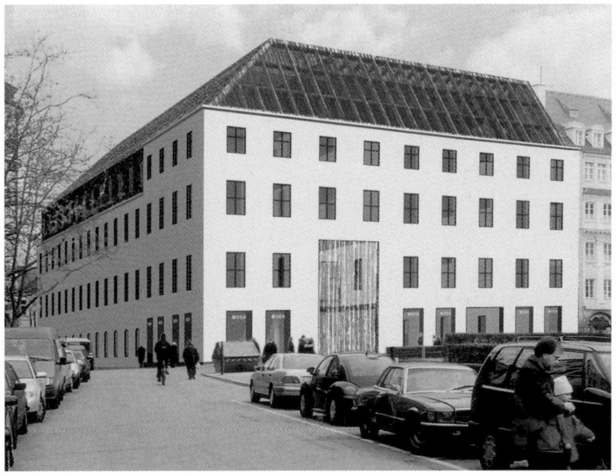
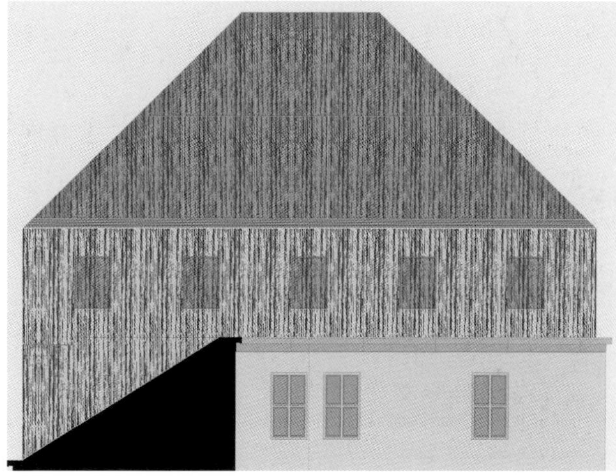
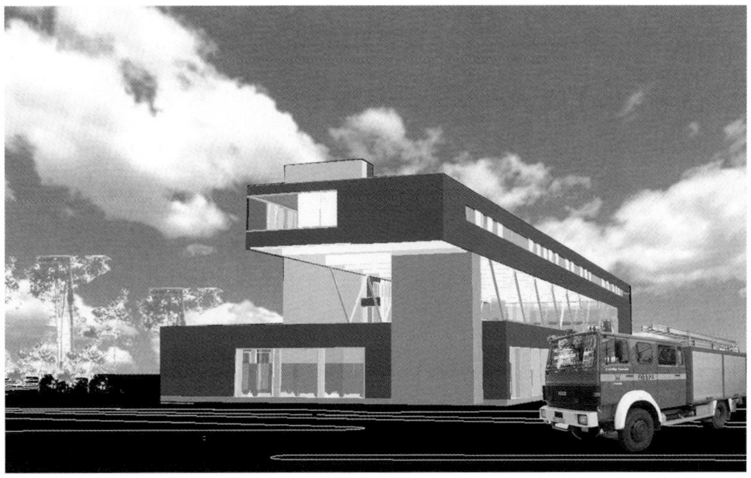
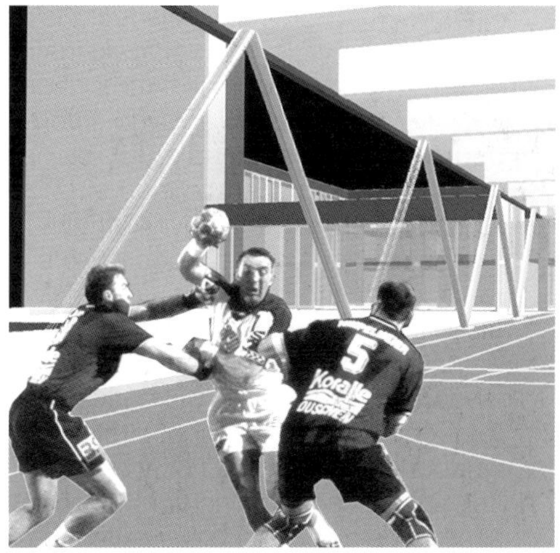
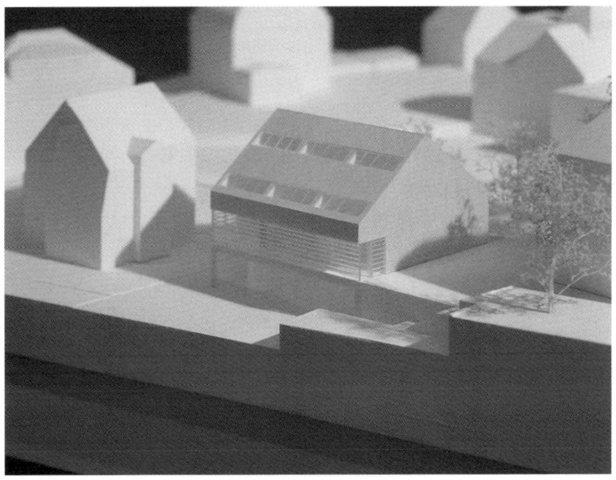
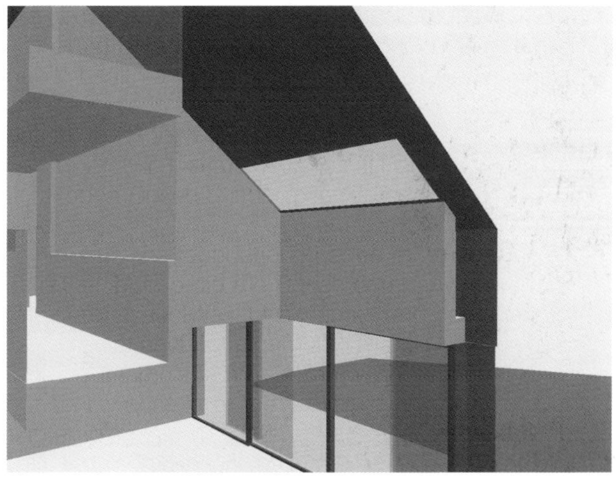
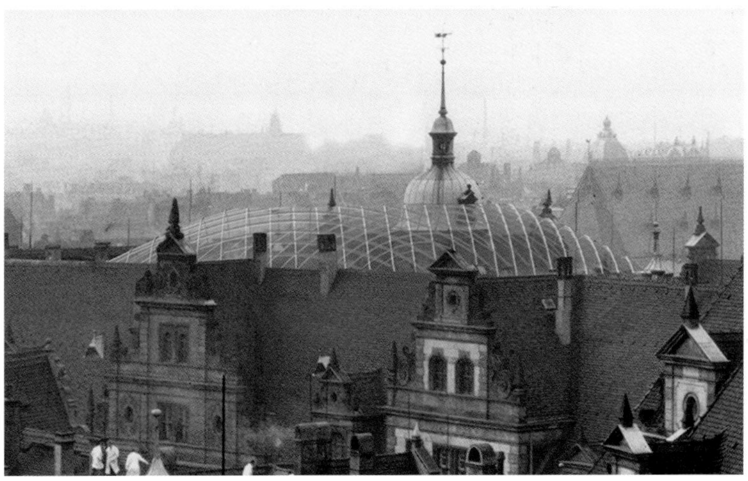
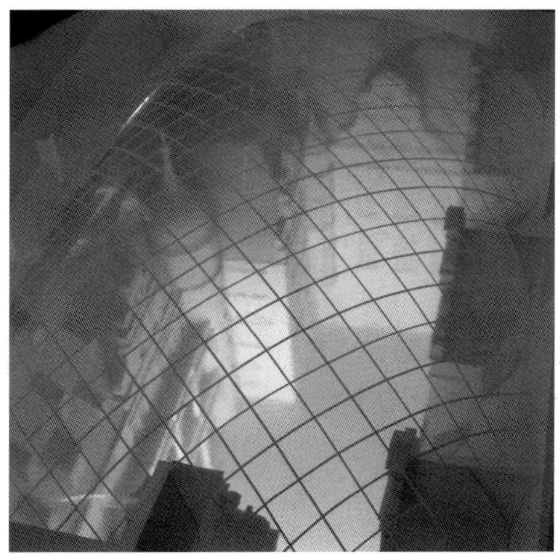

1. Lageplan. Legende: 1 Villa Bosch (Robert-Bosch-Haus), 2 Bosch Haus Heidehof, 3 Institut für Geschichte der Medizin, 4 Stiftung für Bildung und Behindertenförderung (SBB), 5 geplanter Neubau der SBB.

1. Site plan. Key: 1 Villa Bosch (Robert-Bosch-Haus), 2 Bosch Haus Heidehof, 3 Institute for the History of Medicine, 4 Stiftung für Bildung und Behindertenförderung (SBB), 5 planned new building of the SBB.

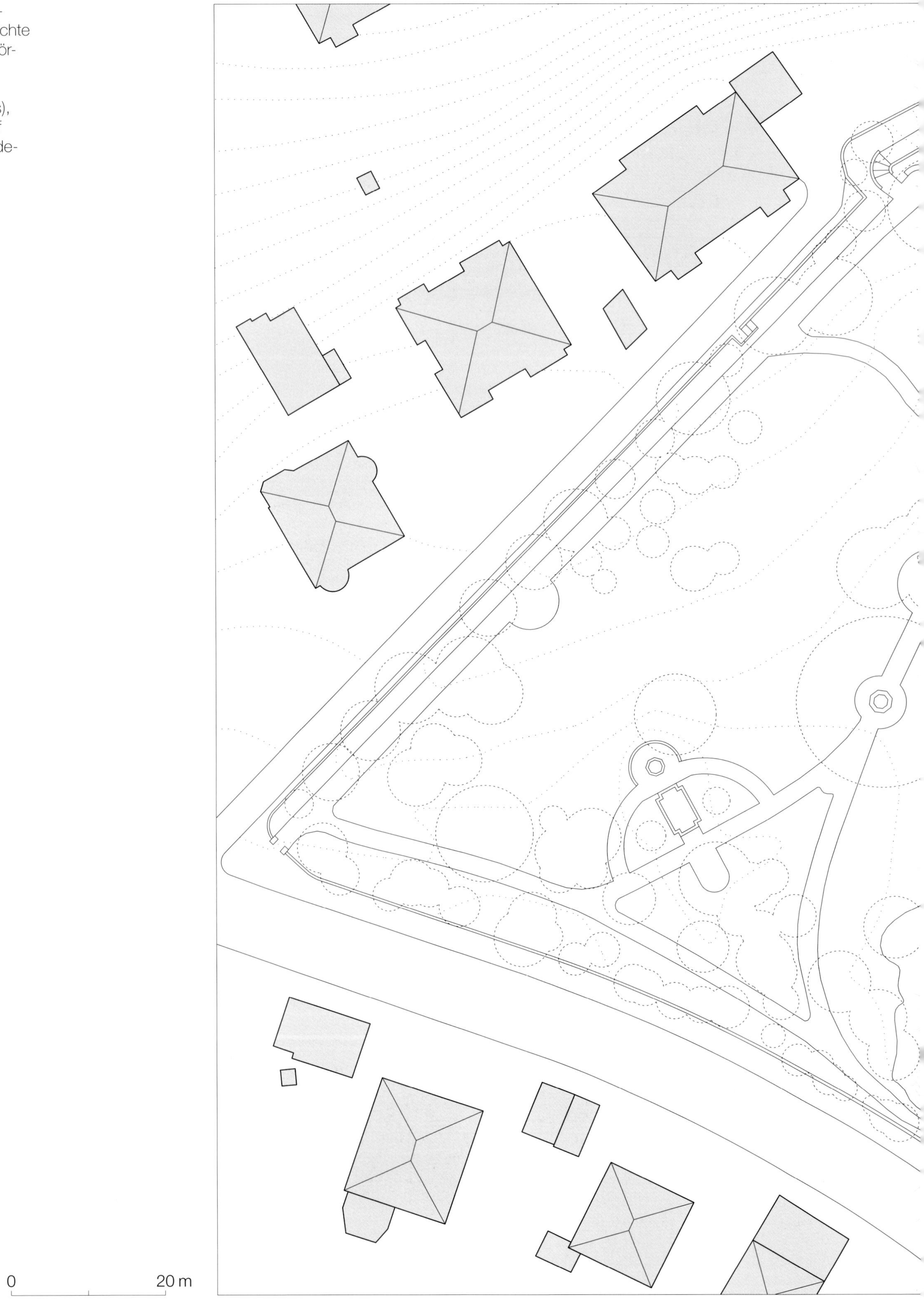

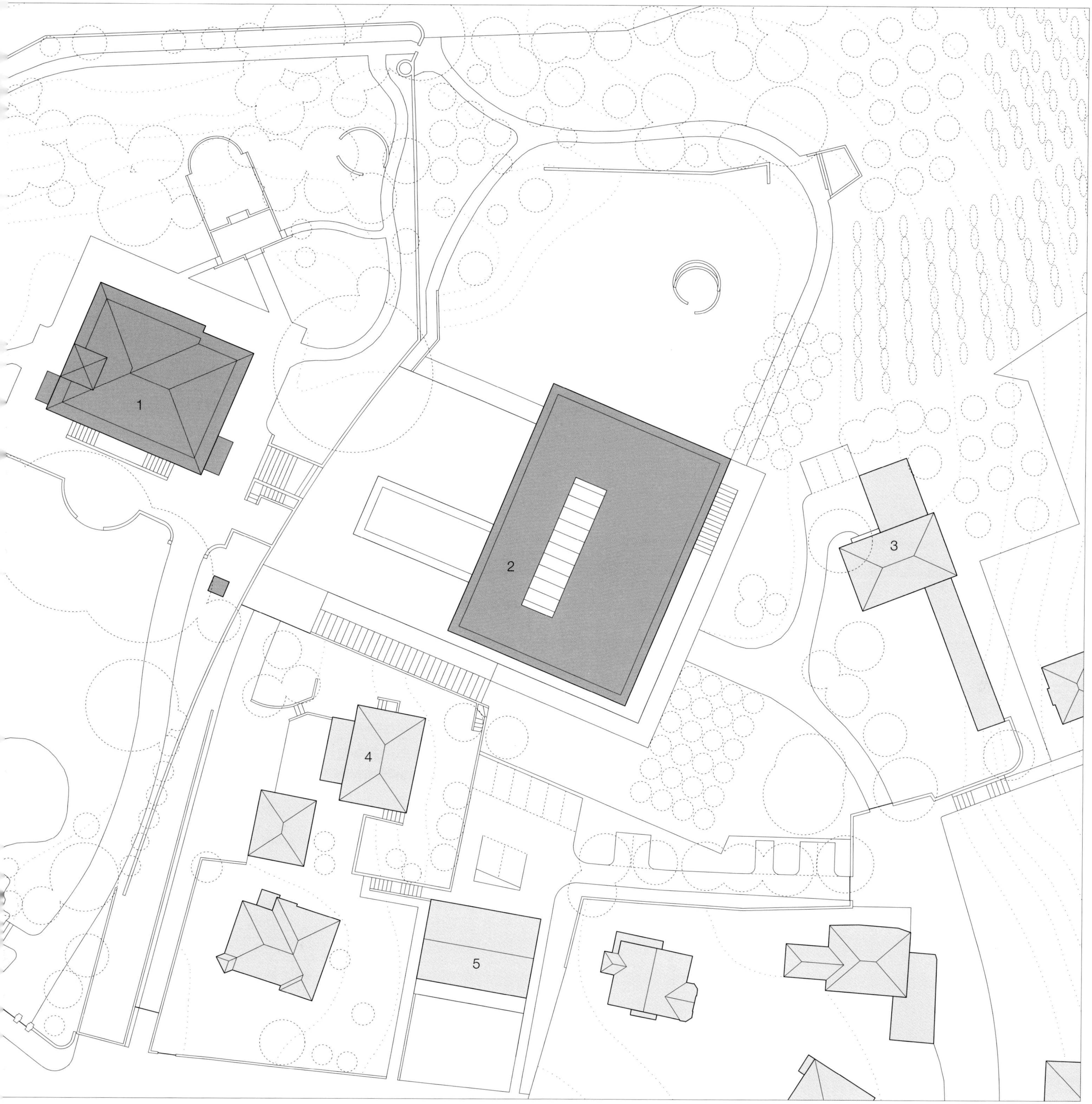
1
2
3
4
5

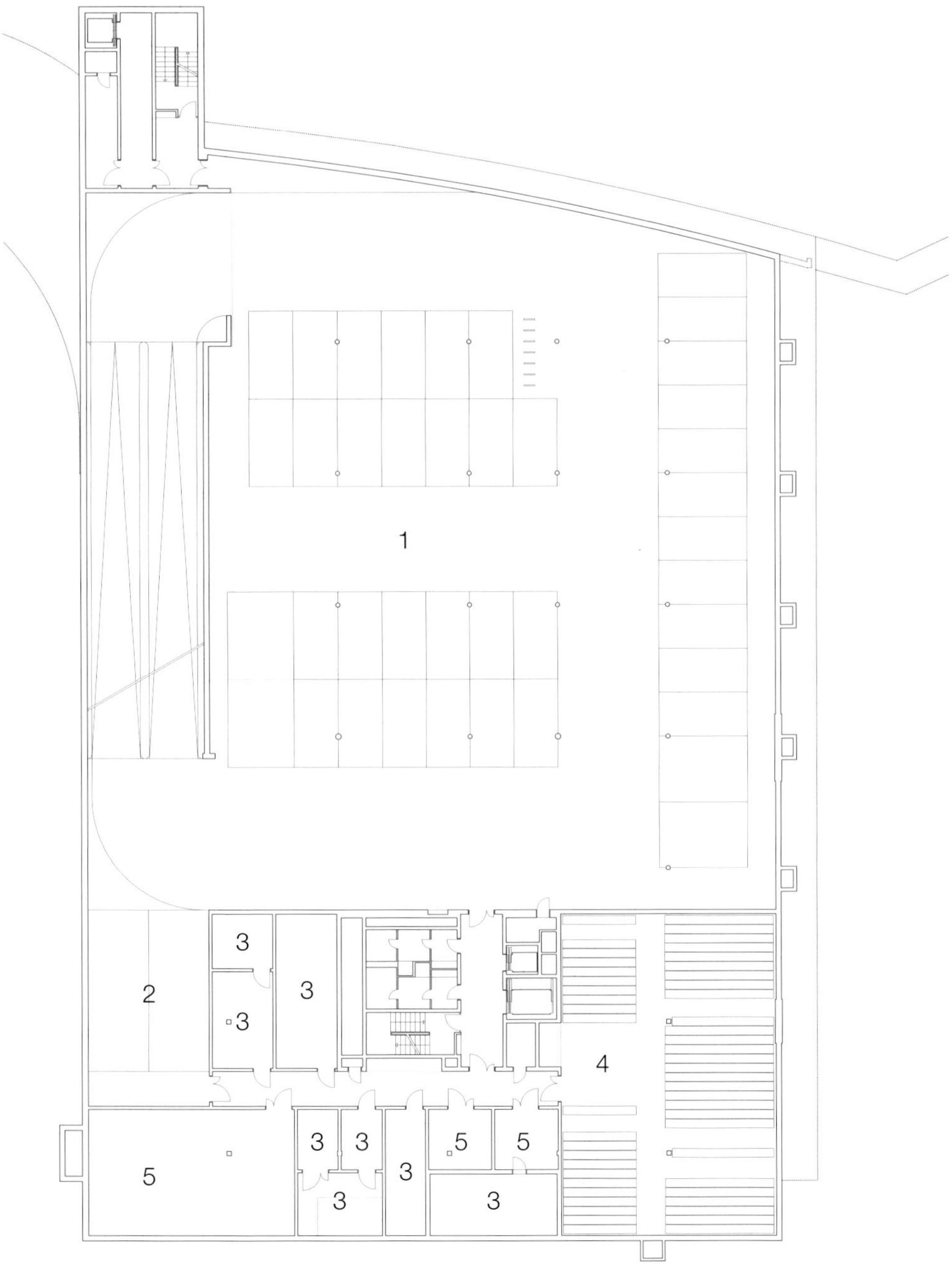
1
2
3
3
3
3
3
3
3
3
3
4
5
5
5

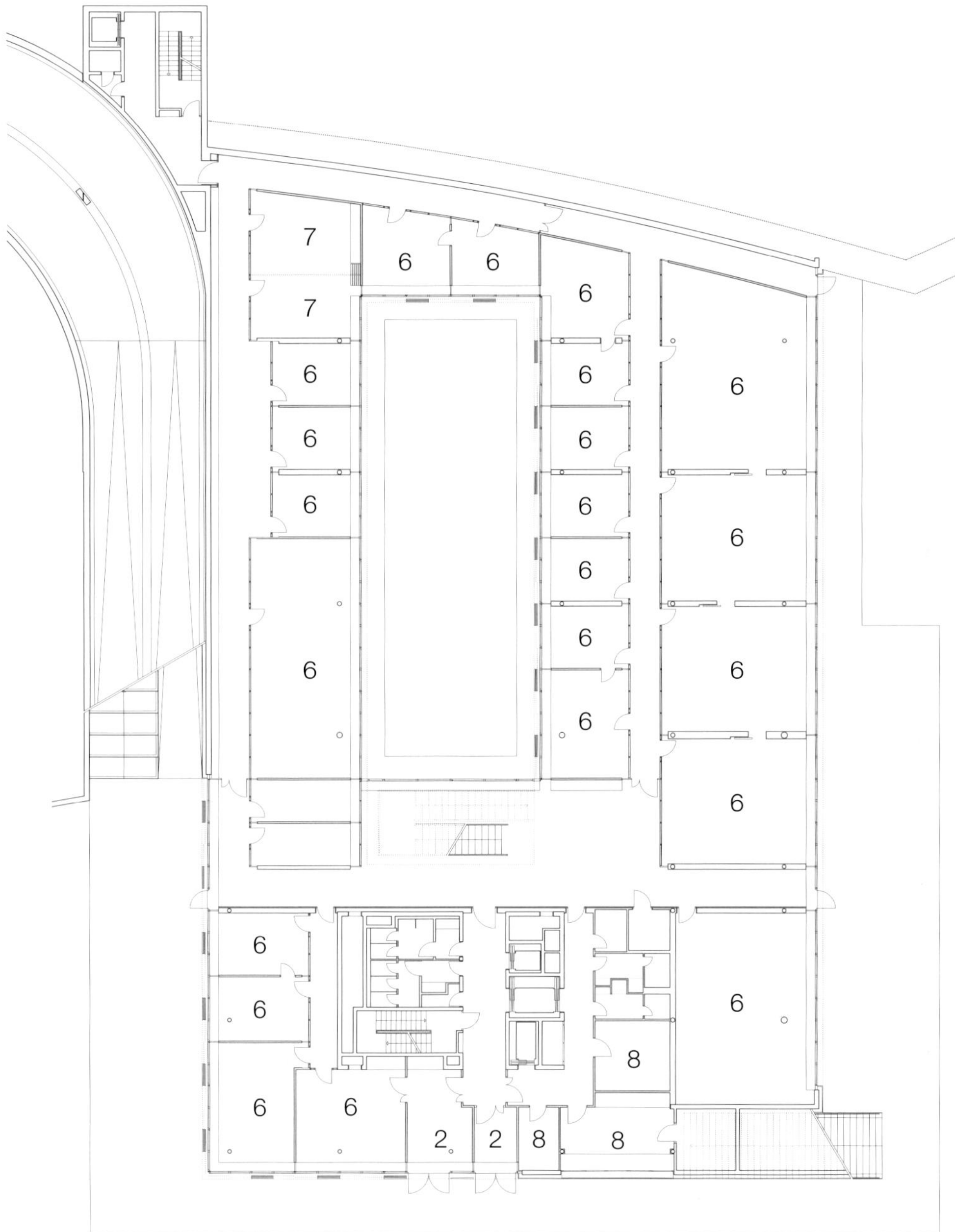
7
7
6
6
6
2
2
8
8
8

2–5. Grundrisse (1. Untergeschoß, Gartengeschoß, Eingangsgeschoß, Obergeschoß). Legende: 1 Tiefgarage, 2 Anlieferung, 3 technische Einrichtungen, 4 Archiv, 5 Lager, 6 Büro, 7 Besprechungsraum, 8 Küche, 9 Empfang, 10 Speisesaal, 11 Gästekasino, 12 Seminarraum, 13 Foyer.

2–5 Floor plans (1st basement, garden floor, entrance floor, 1st floor). Key: 1 underground car park, 2 delivery, 3 technical installations, 4 archive, 5 store room, 6 office, 7 conference room, 8 kitchen, 9 reception, 10 dining room, 11 dinig rooms for guests, 12 seminar room, 13 foyer.

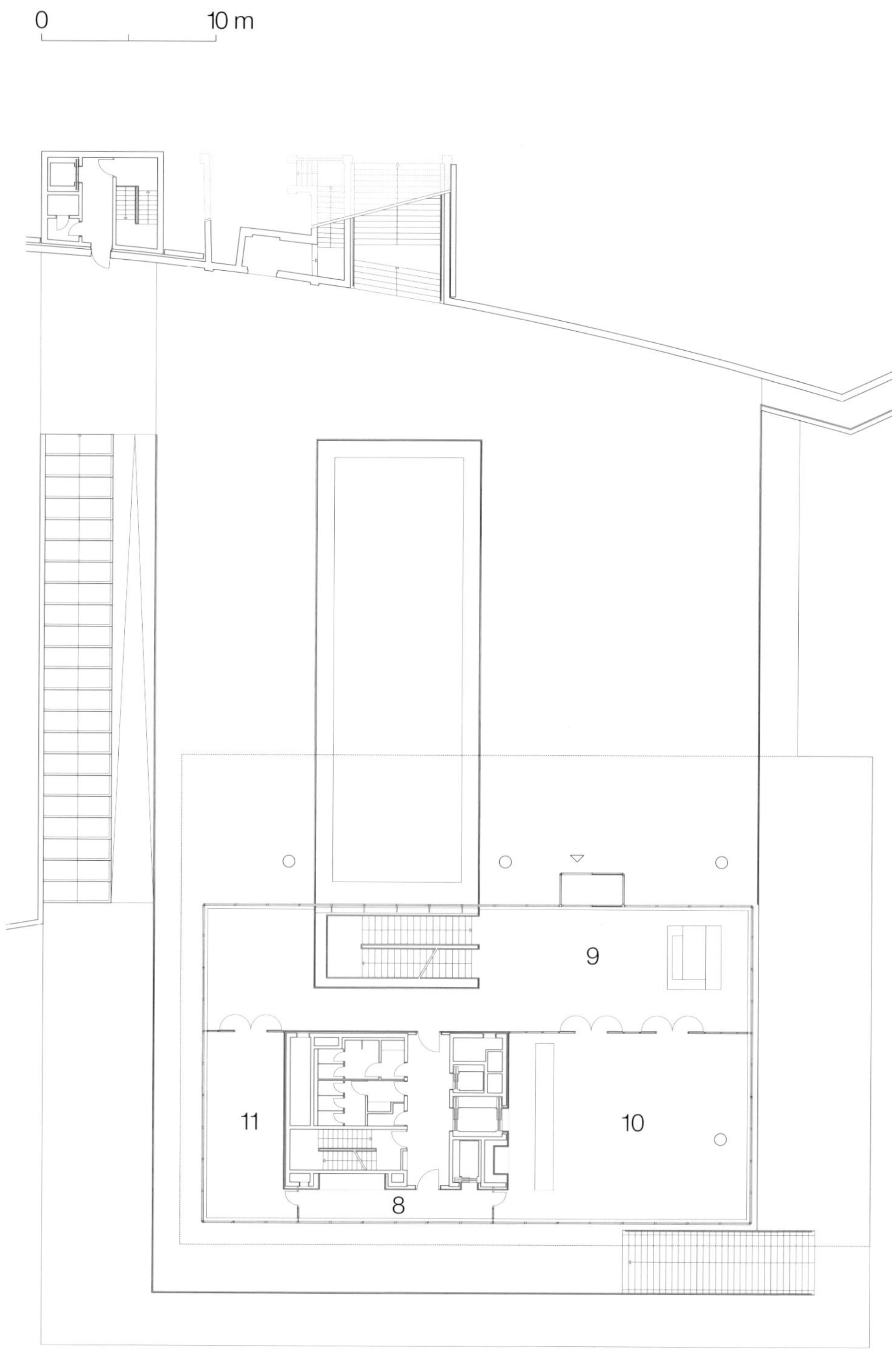

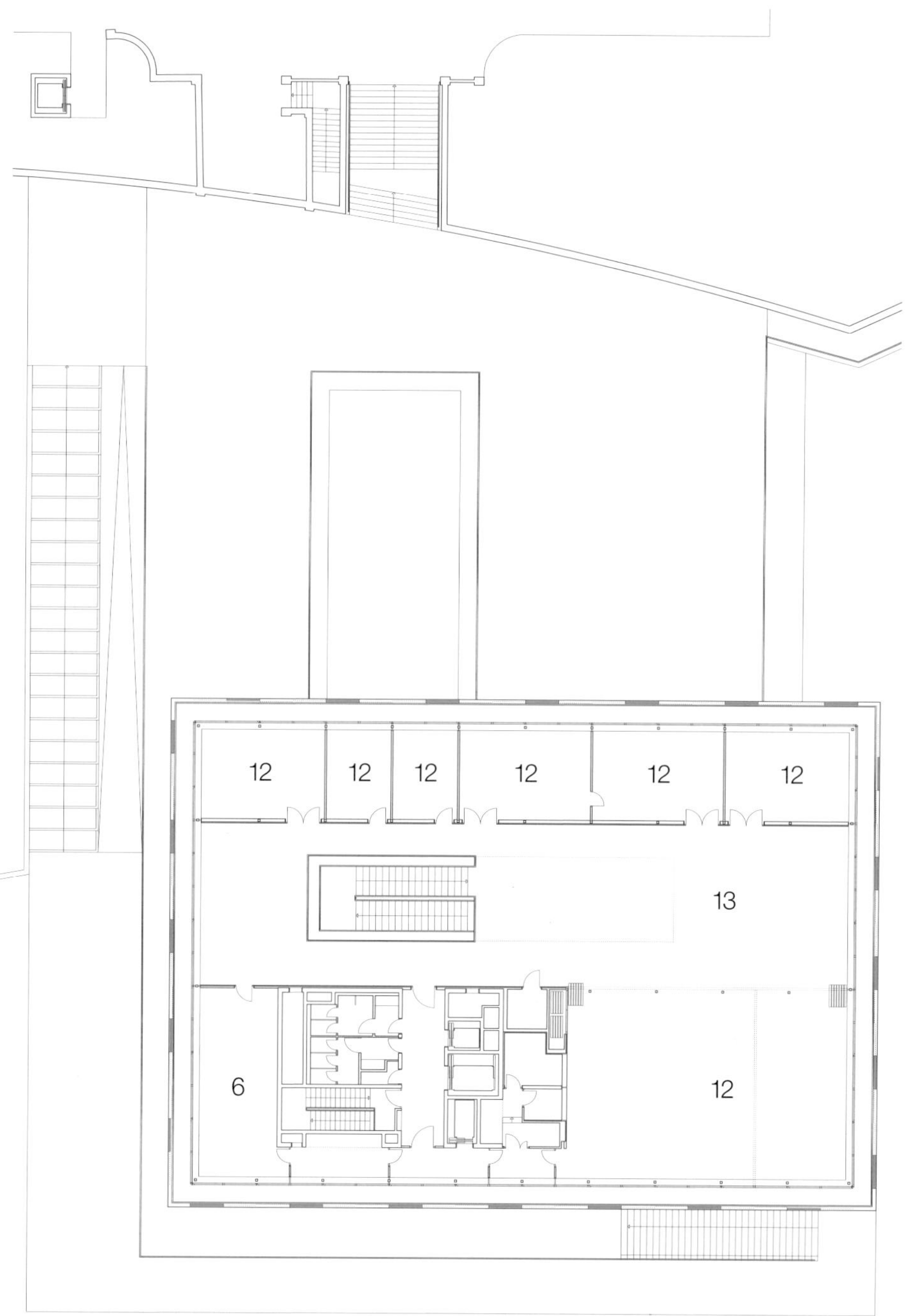

6. Querschnitt.
7. Längsschnitt.

6. Querschnitt.
7. Cross section.

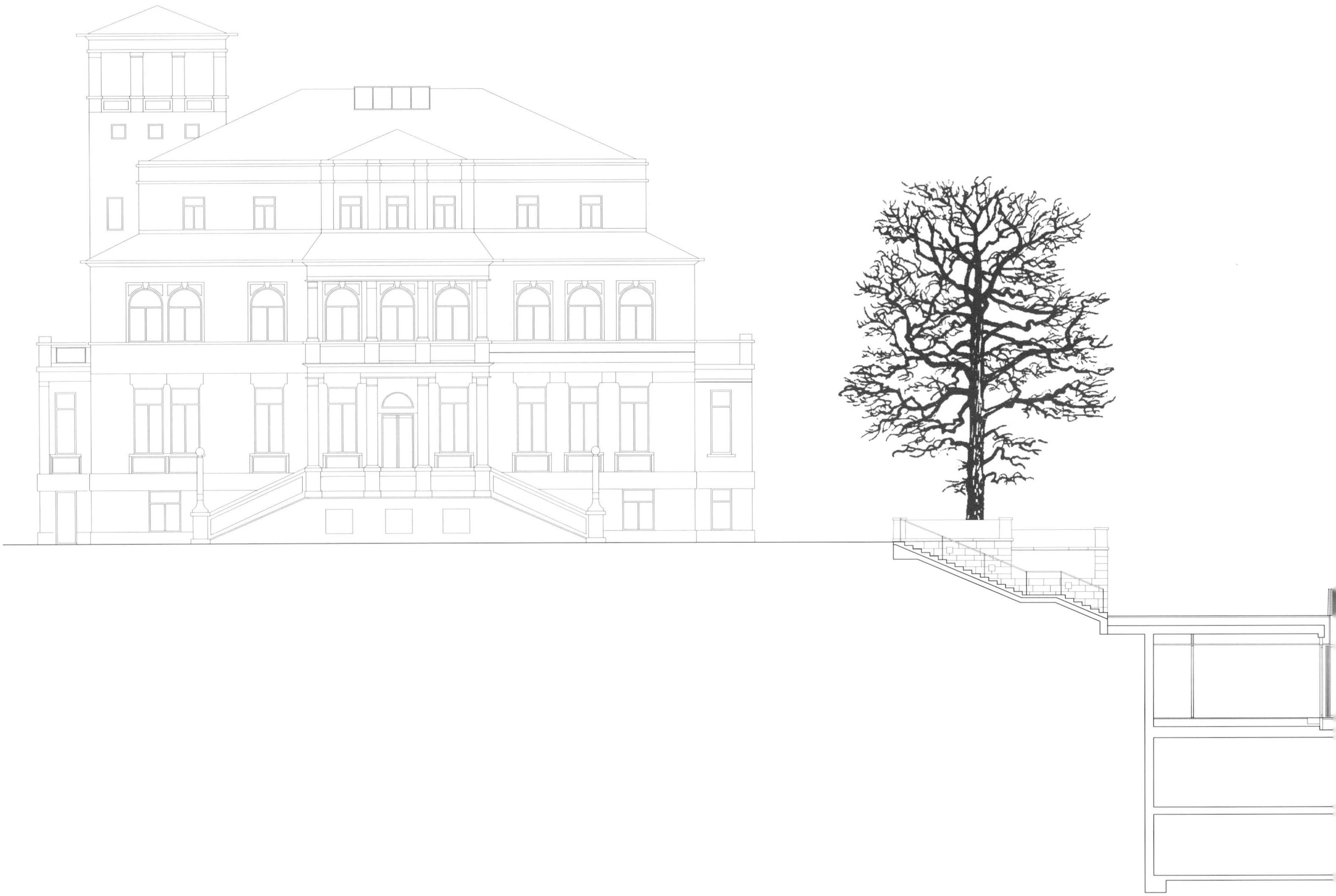

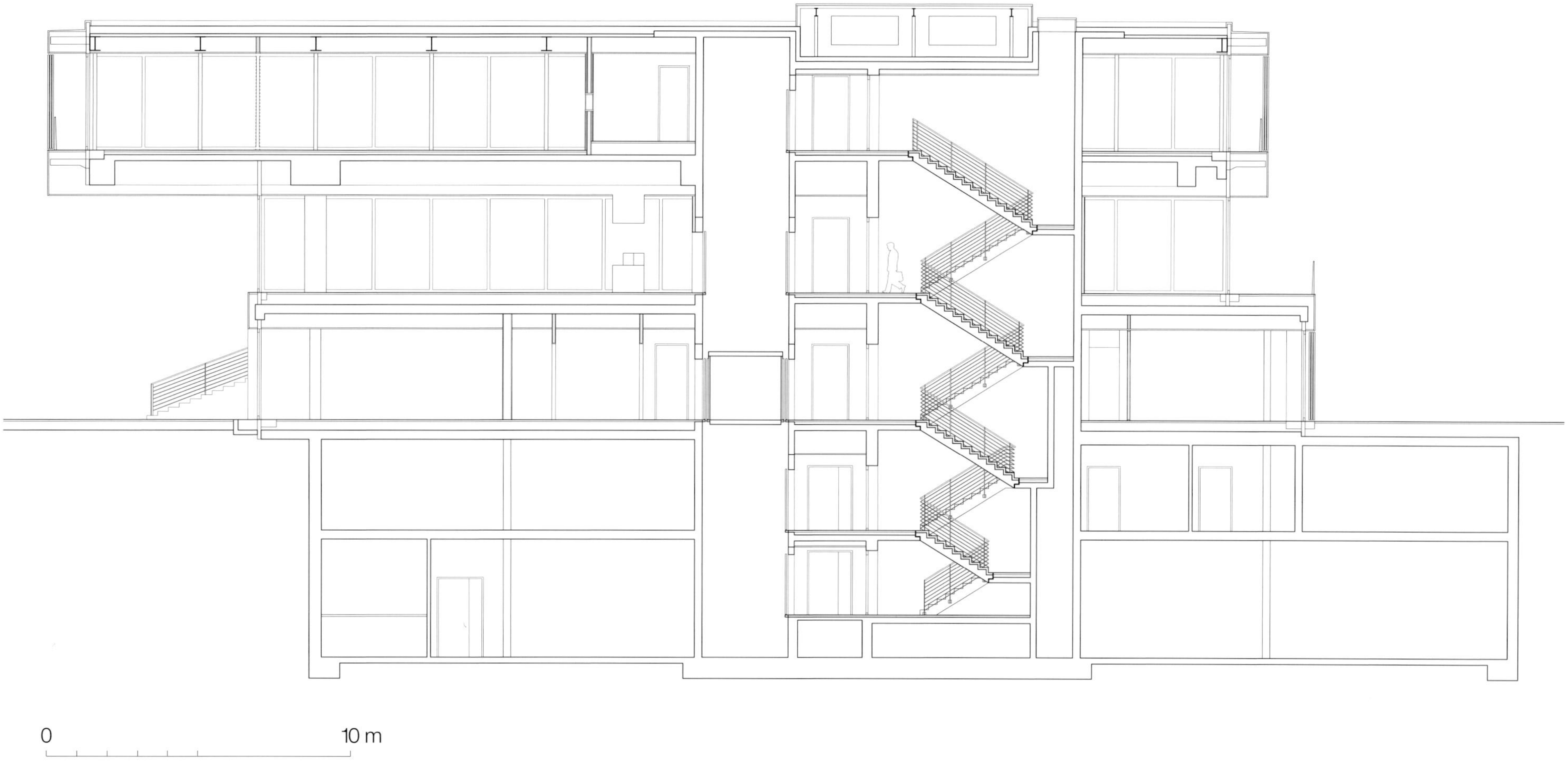

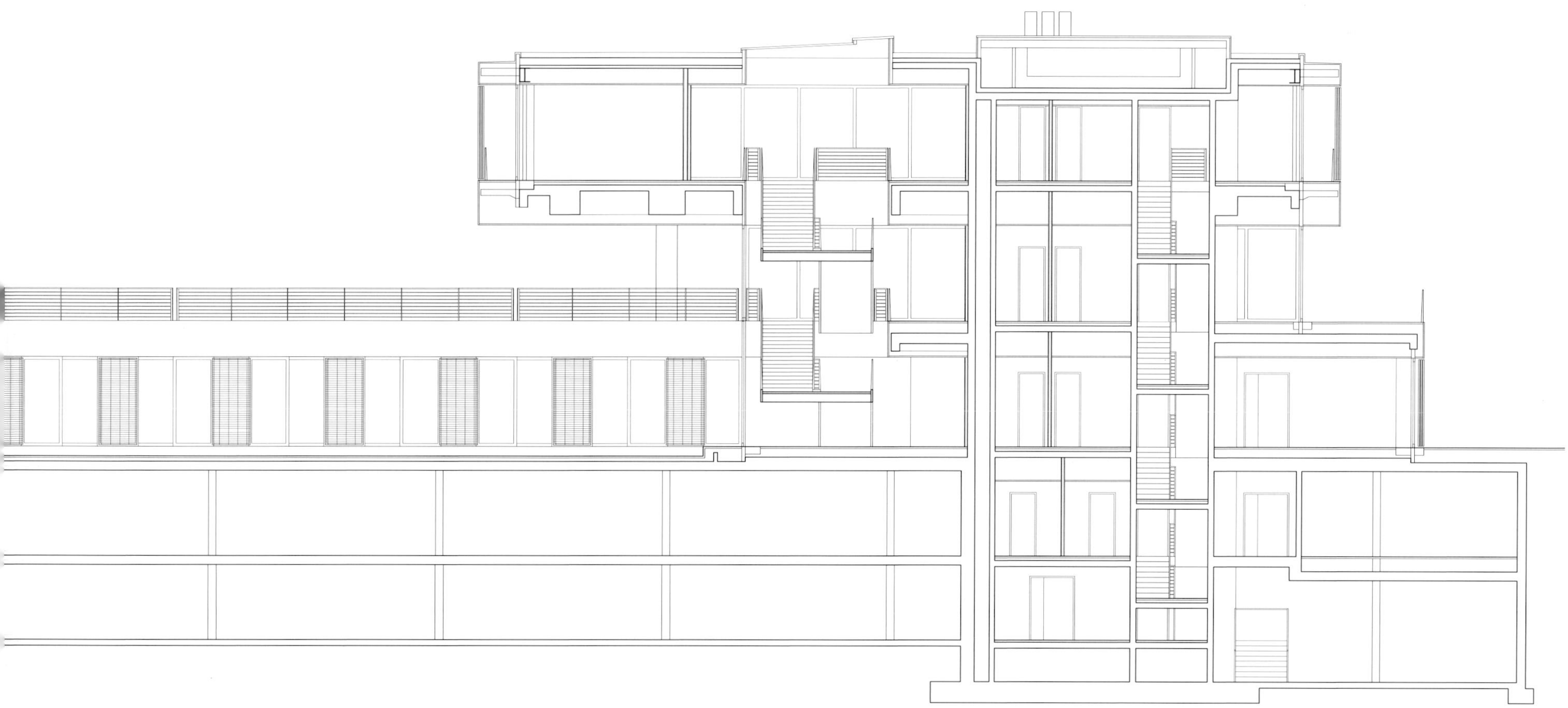

1. Gesamtansicht von Südosten.

1. General view from the southeast.

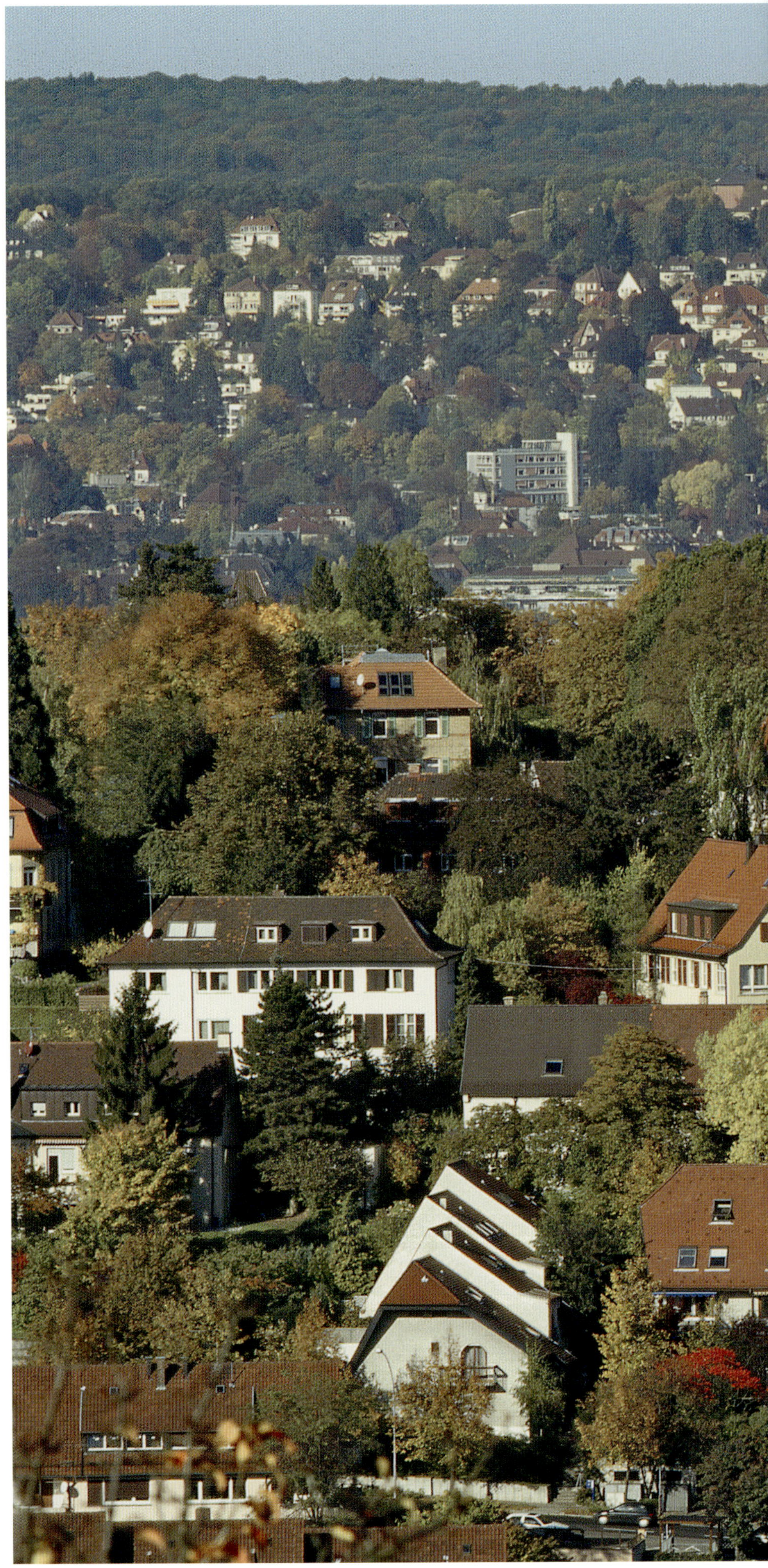

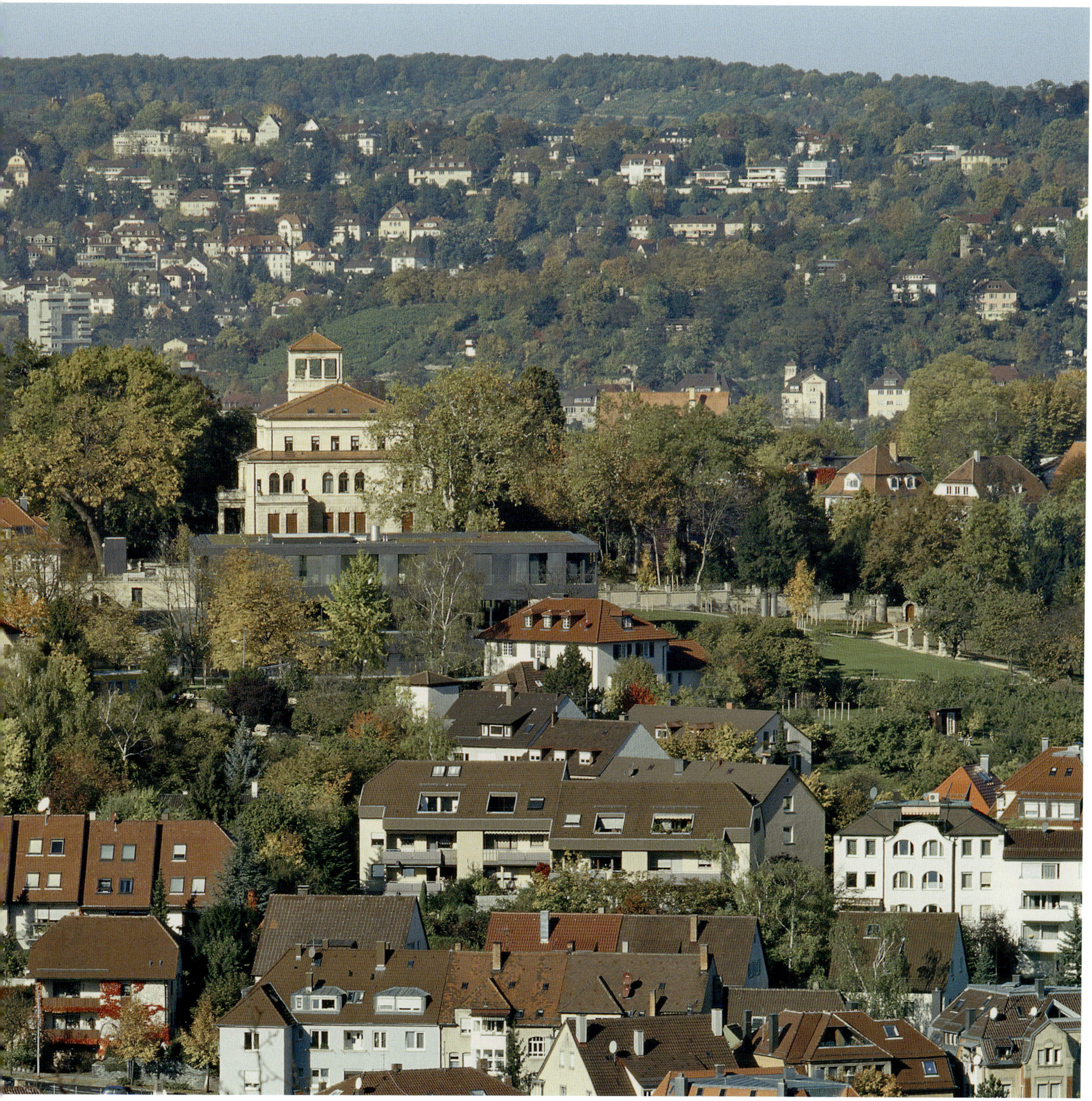

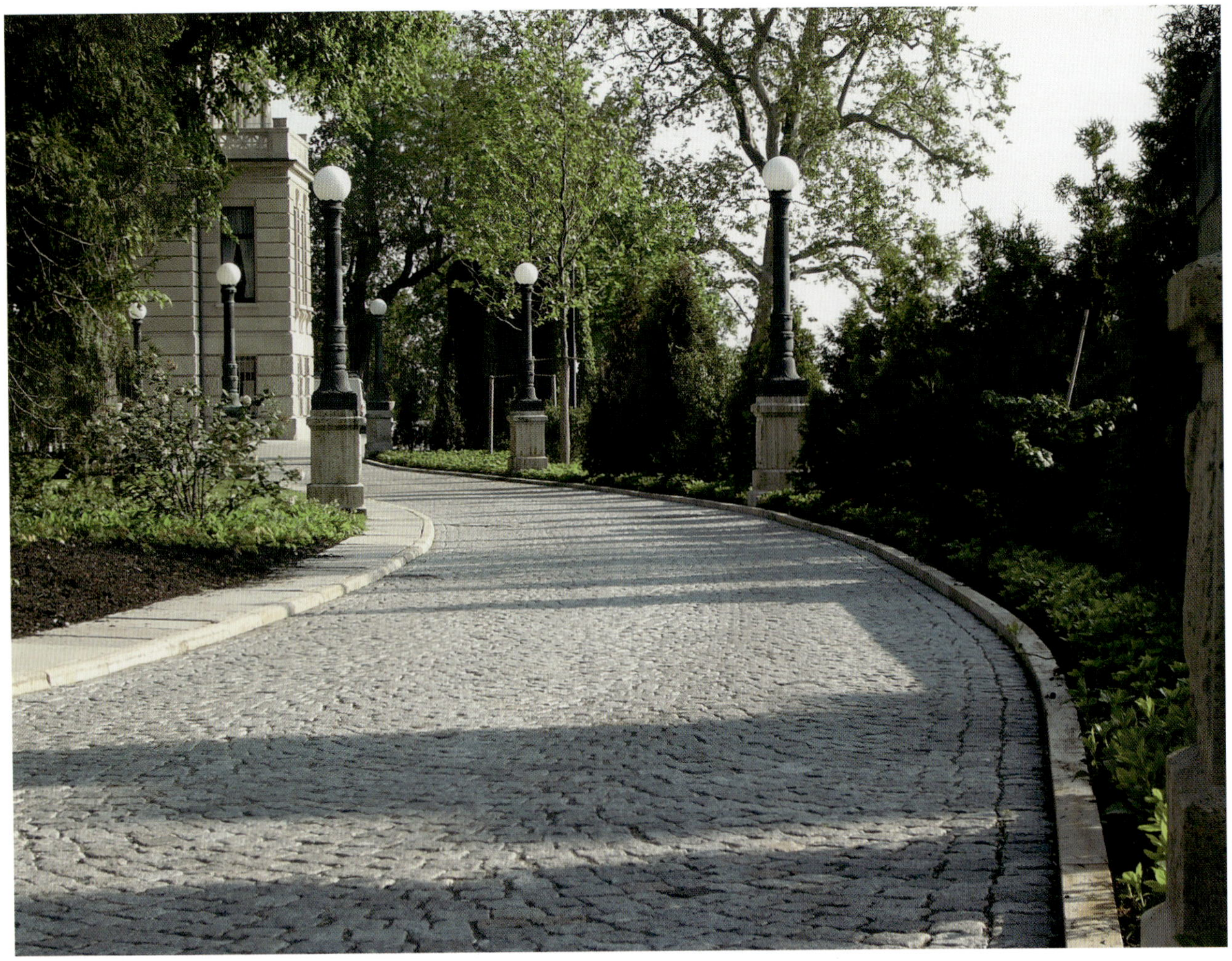

2. Zufahrt zur Villa.
3. Blick von der Villa zum Eingangstor.
4. Das Römerbad im westlichen Bereich des Parks.

2. Access to the villa.
3. View of the entrance gate from the villa.
4. The Roman bath in the western area of the park.

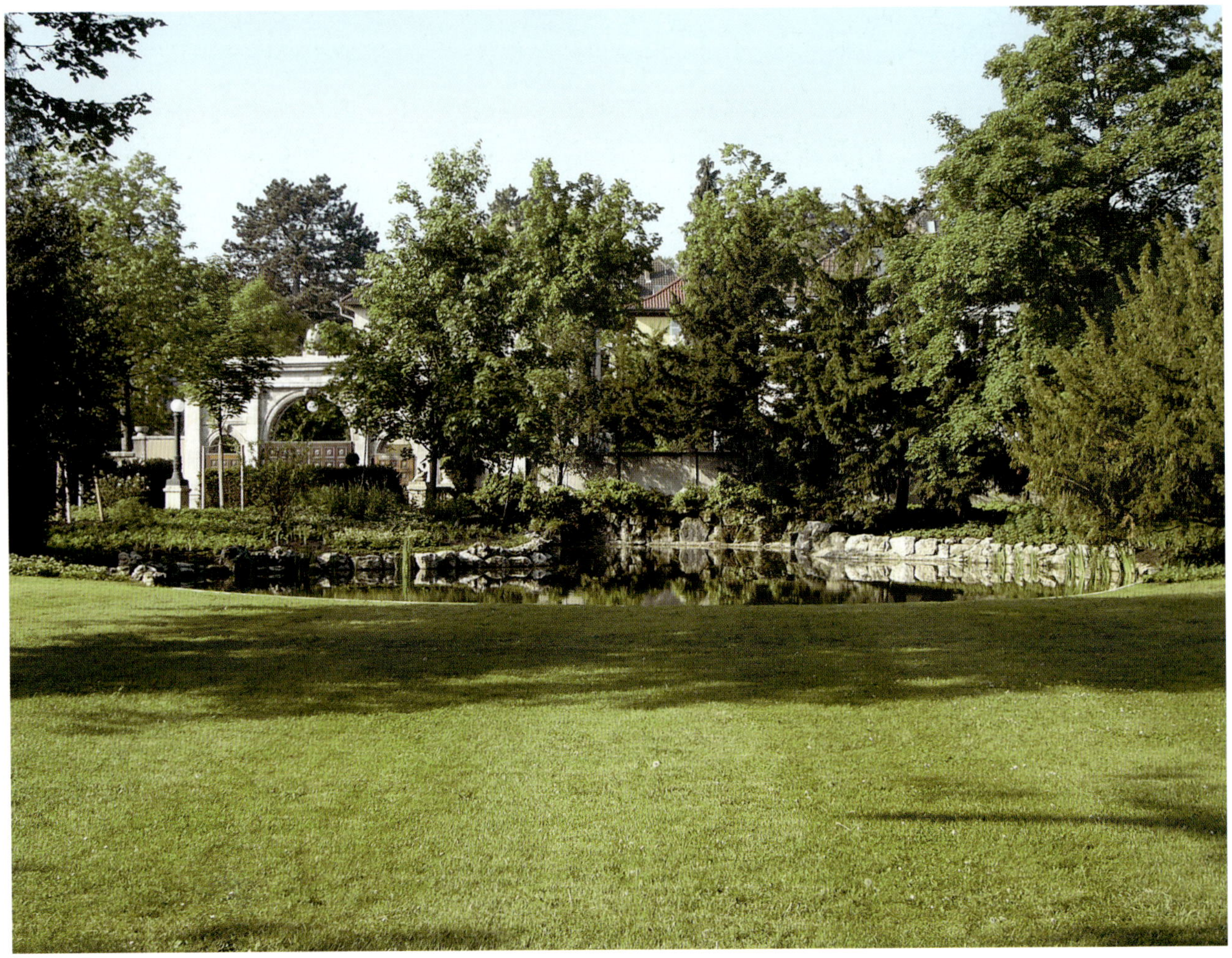

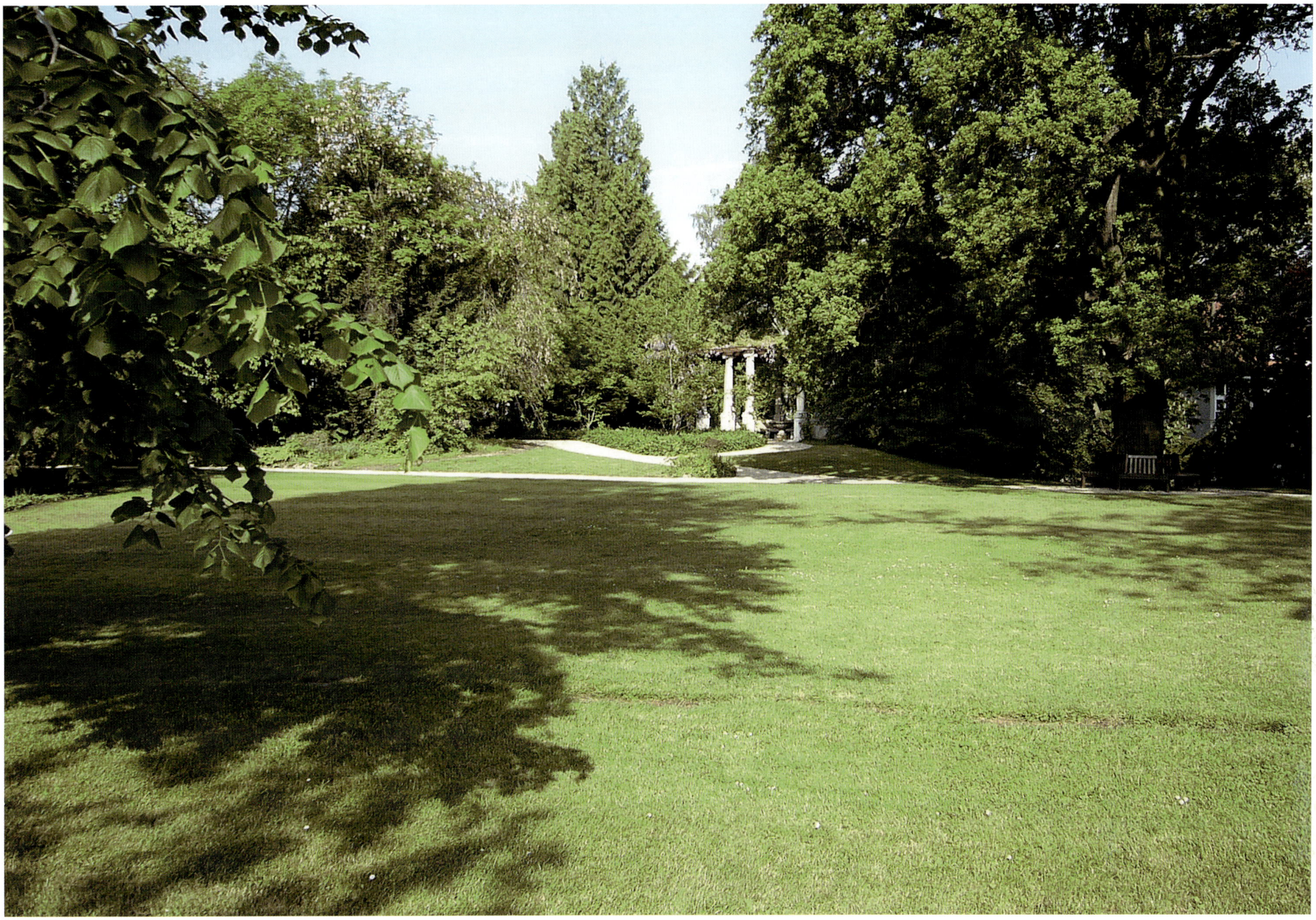

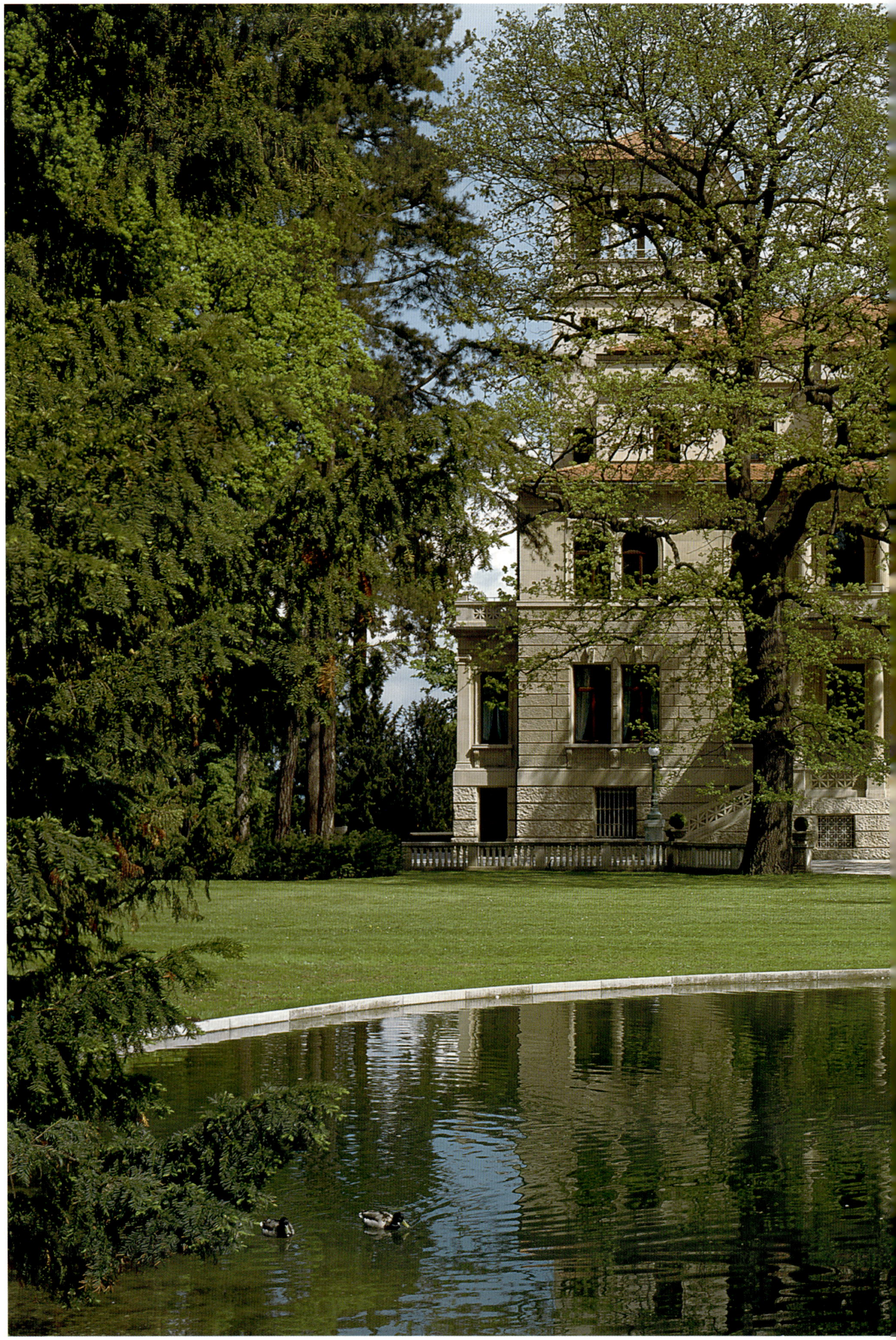

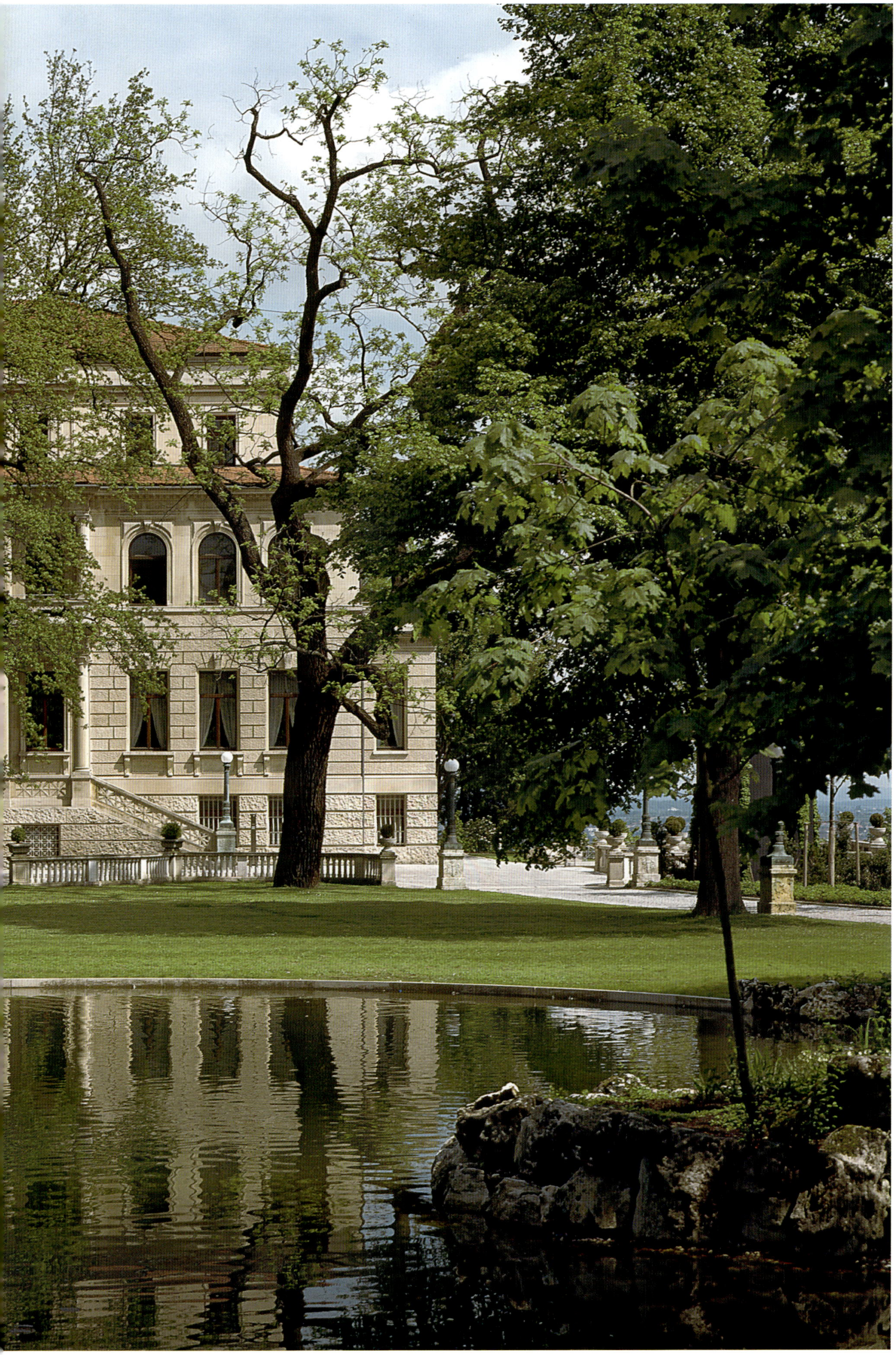

5. Gesamtansicht der Villa von Südwesten.

5. General view of the villa from the southwest.

S. 34/35
6. Gesamtansicht der Nordwestseite des Neubaus vom Bereich der Villa.

p. 34/35
6. General view of the northwest side of the new building from outside the villa.

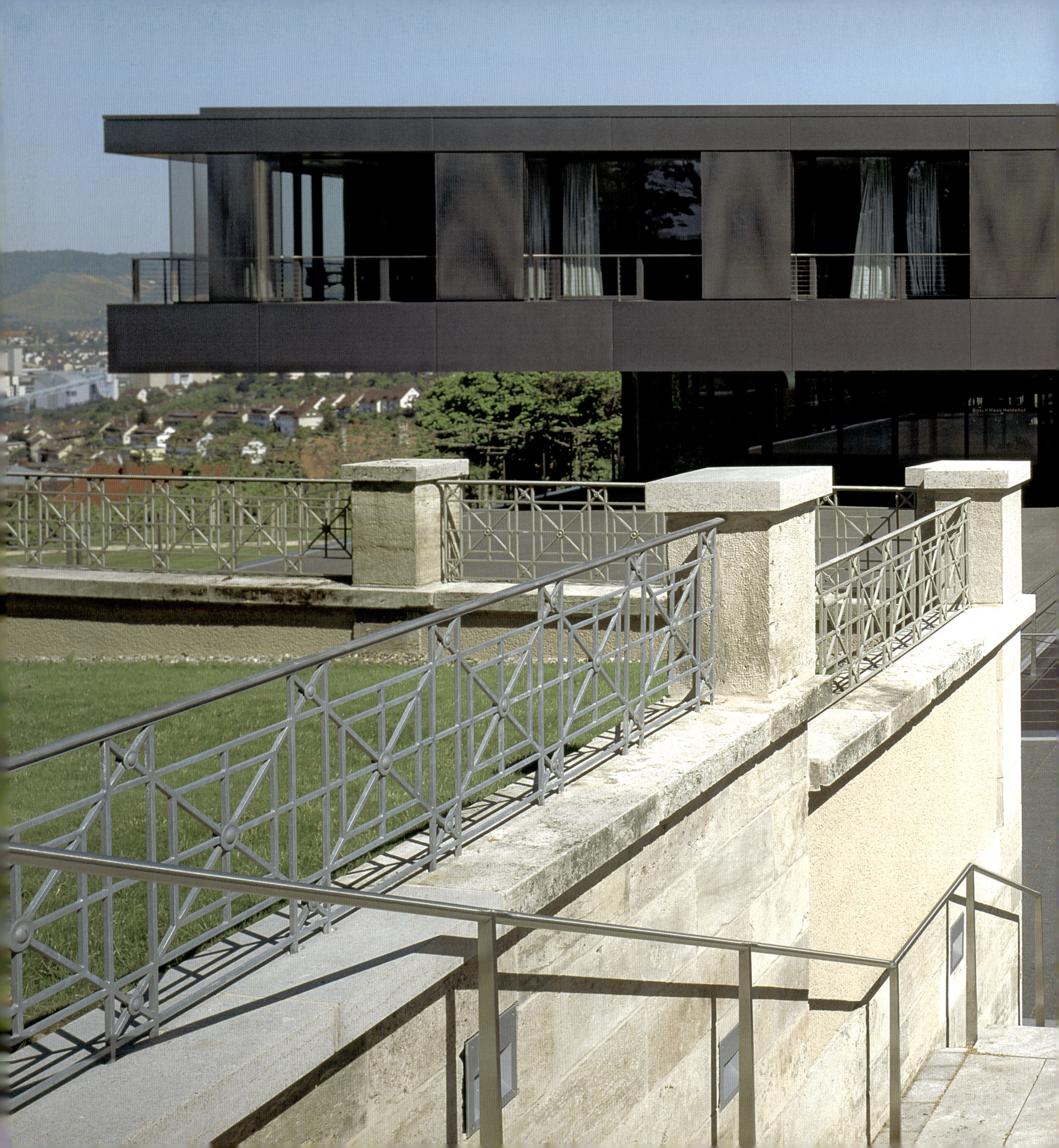
Bosch Haus Heidehof

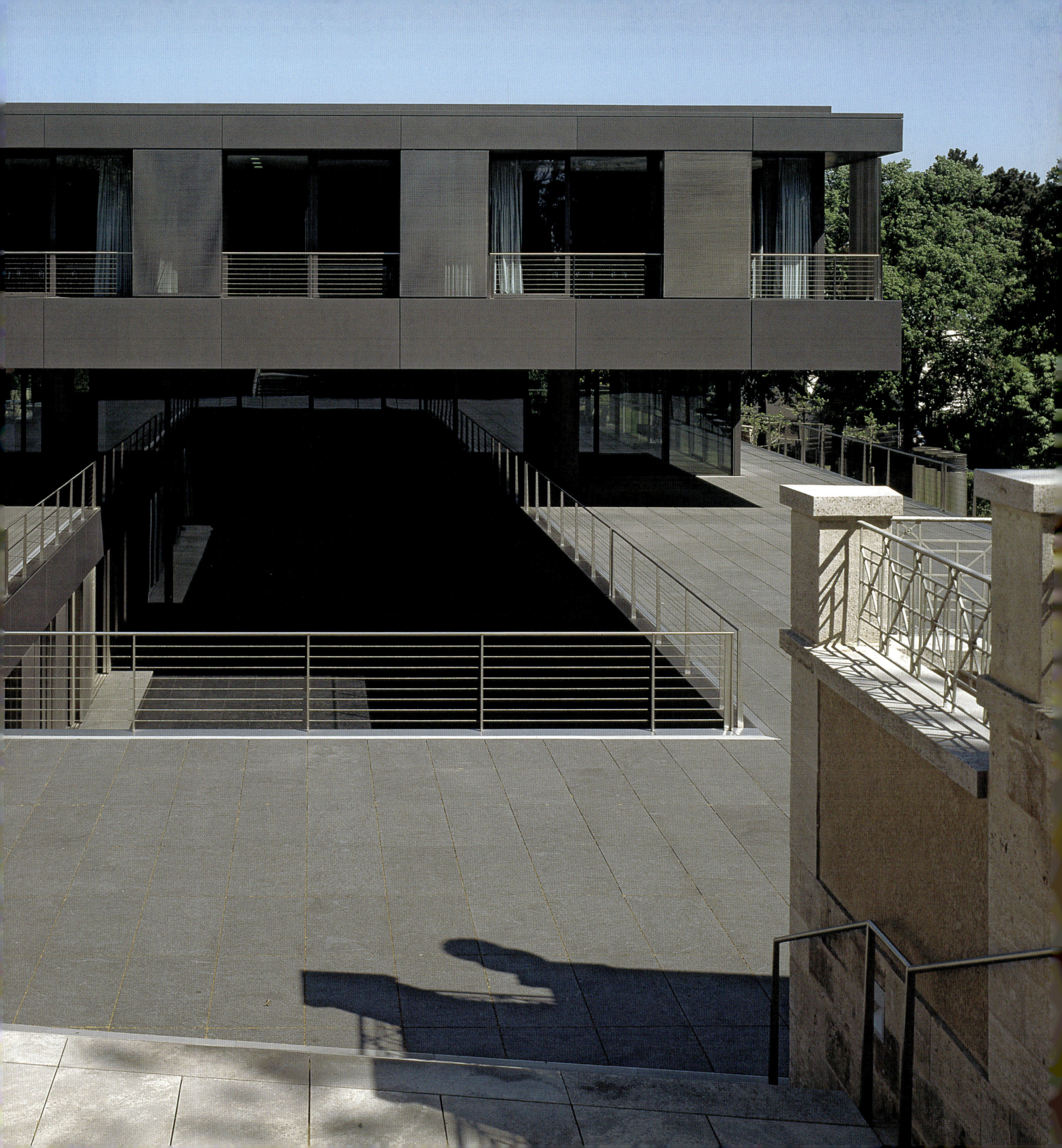

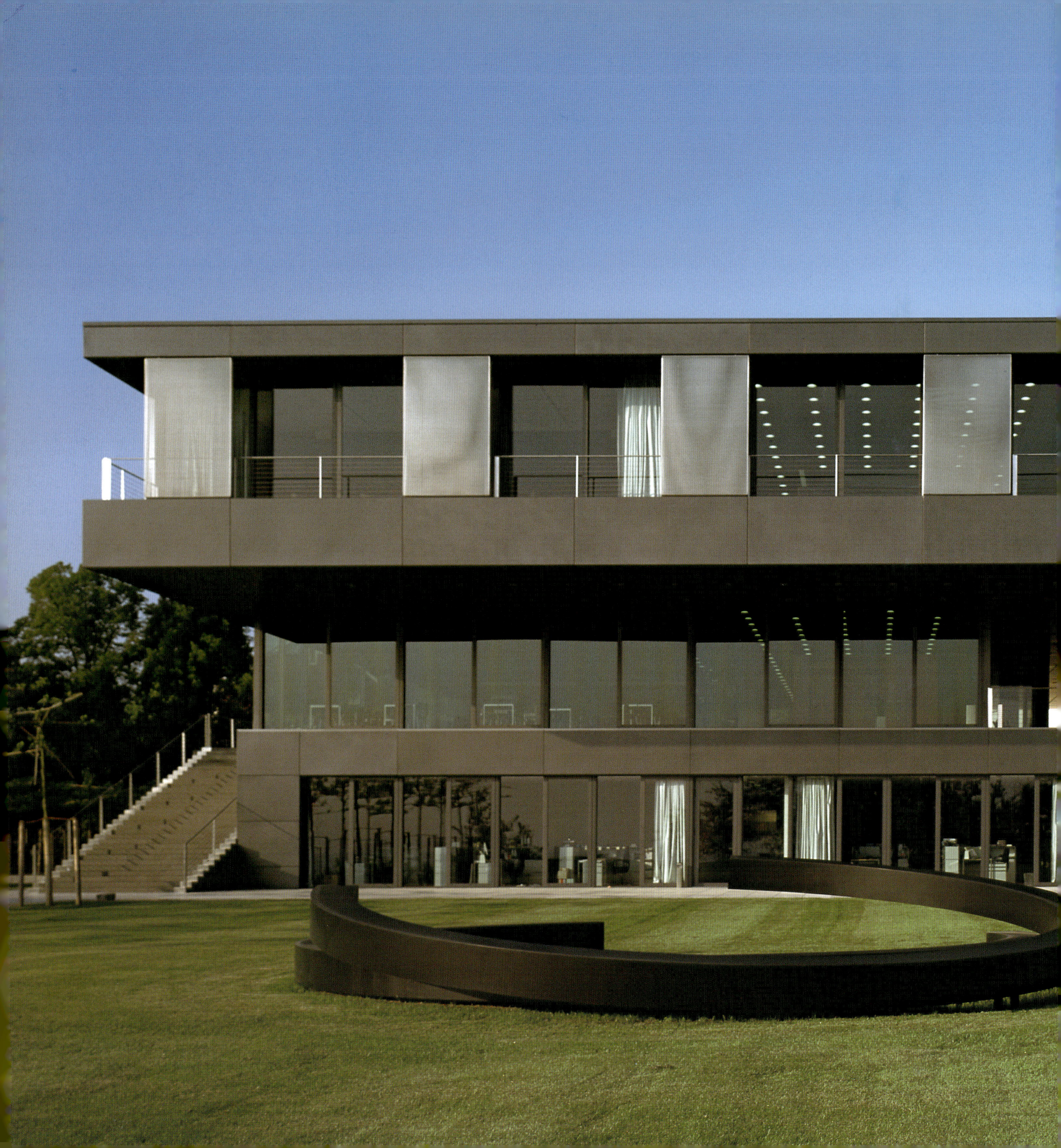

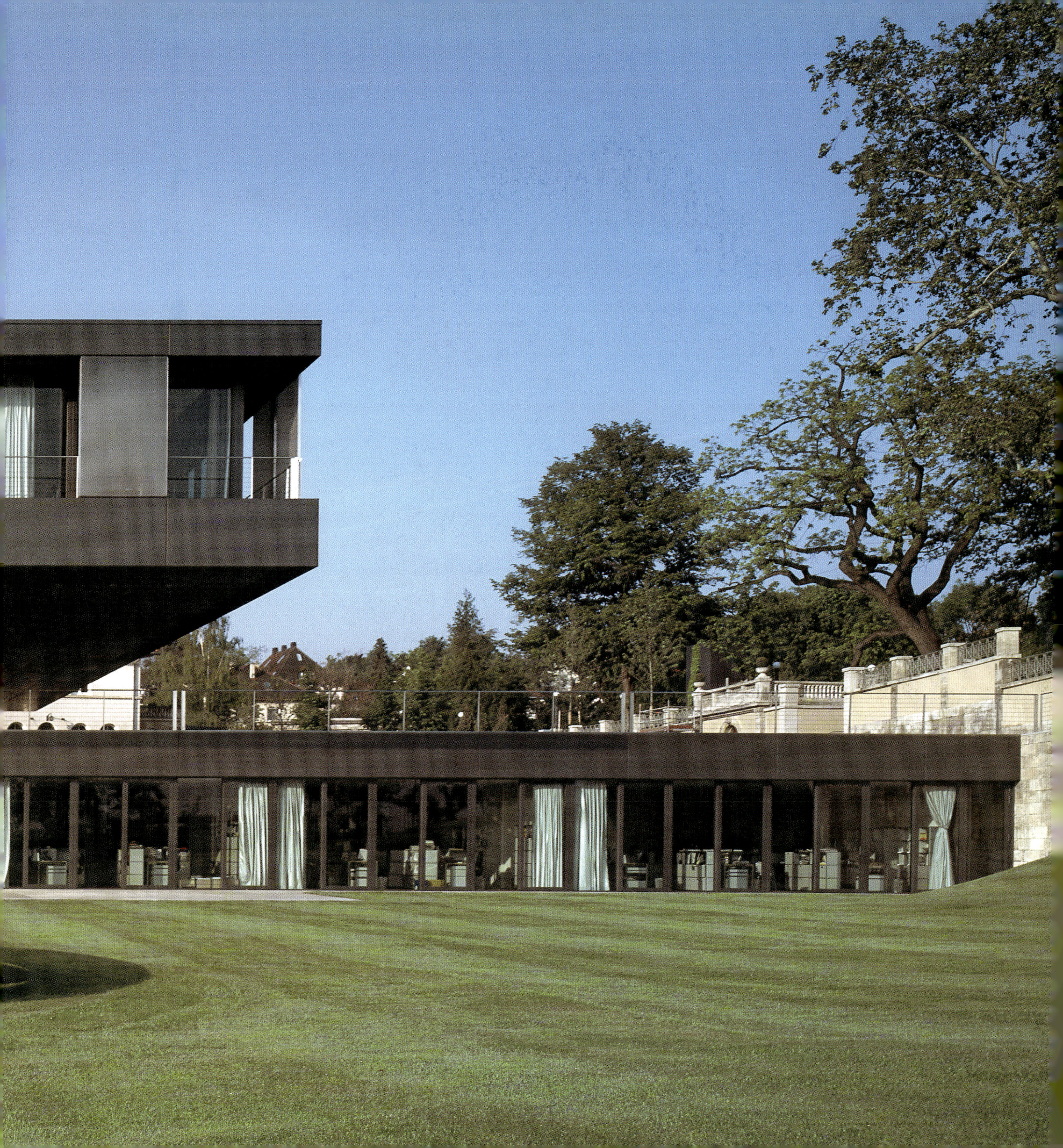

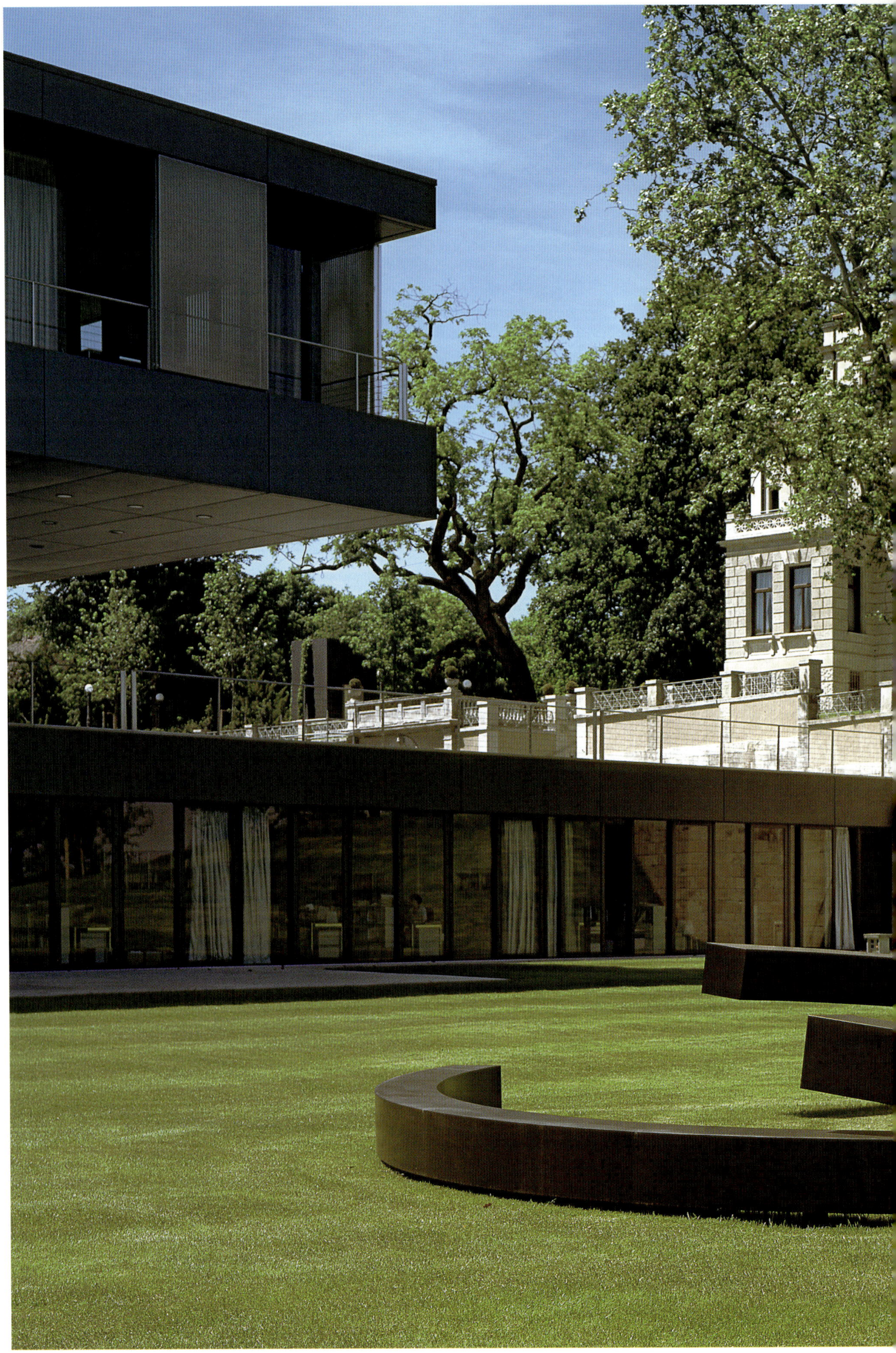

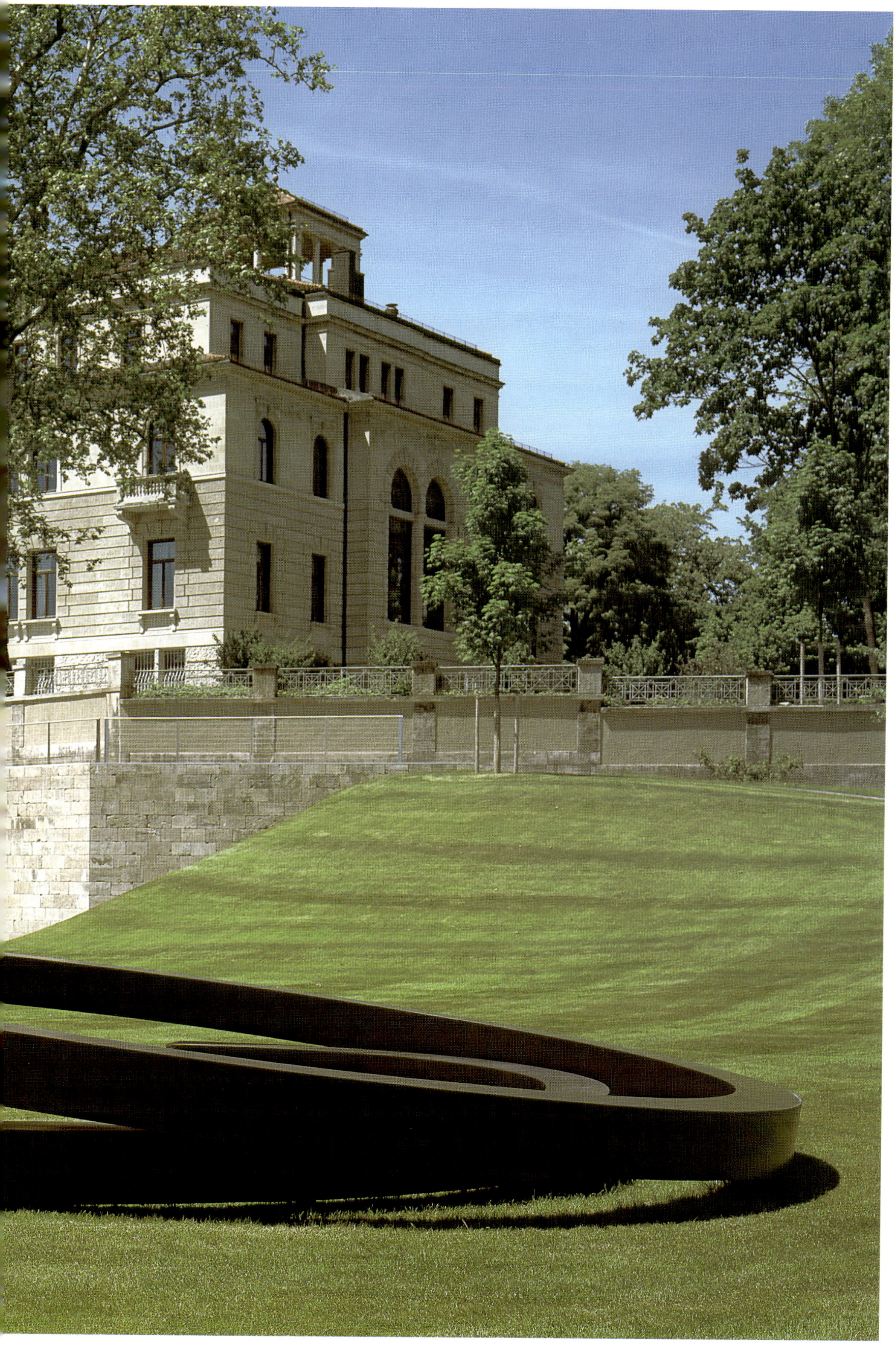

S. 36/37
7. Gesamtansicht von Nordosten mit der Skulptur *Deux arcs de 265,5°* von Bernar Venet.

p. 36/37
7. General view from the northeast with the sculpture *Deux arcs de 265,5°* by Bernar Venet.

8. Nordwestecke mit der Skulptur und der Villa im Hintergrund.

8. Northwest corner with the sculpture and the villa in the background.

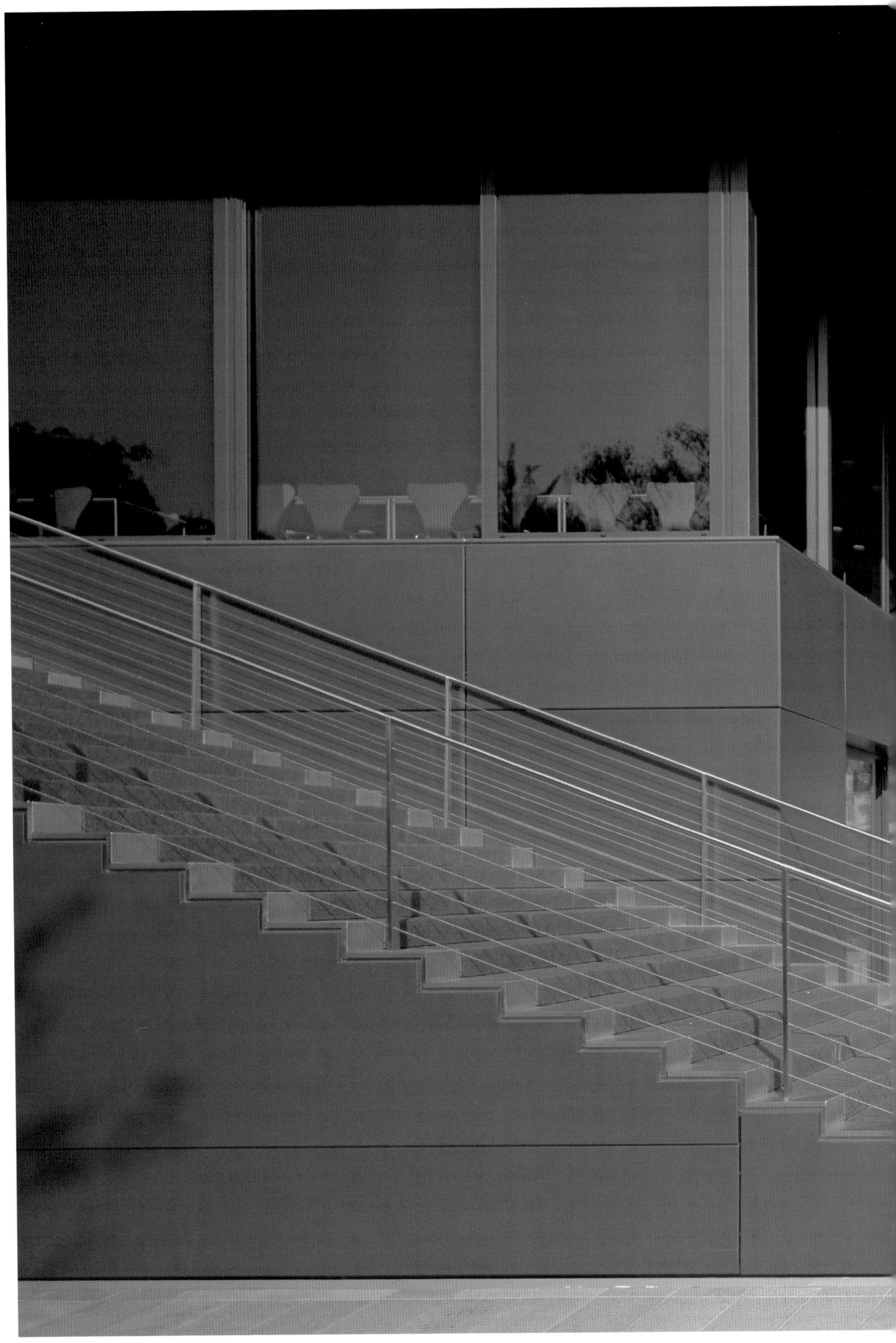

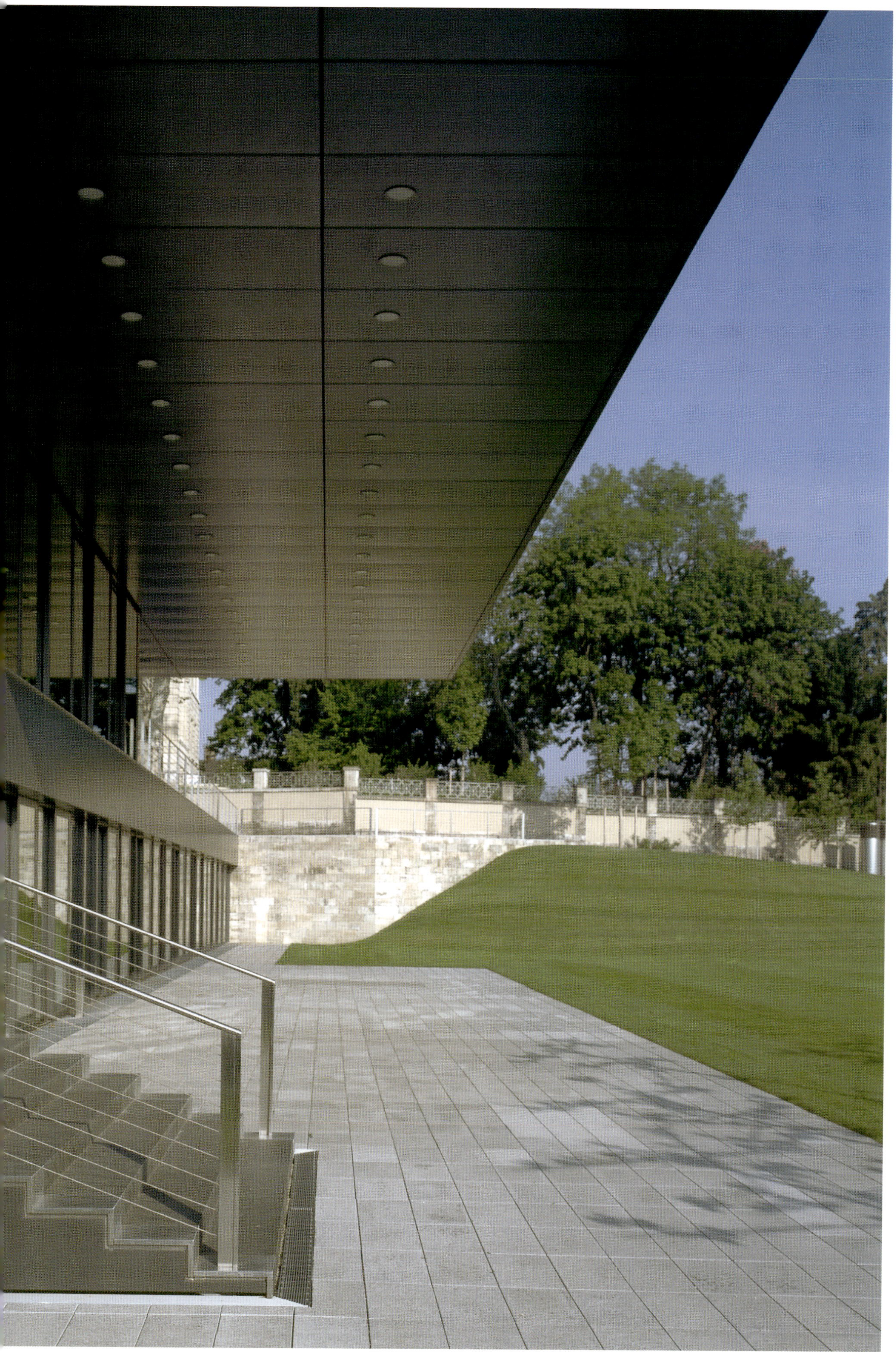

9. Nordostecke mit Aufgang zur Eingangsebene.

9. Northeast corner with stairs to the entrance level.

S. 42/43
10. Gesamtansicht von Südosten.

p. 42/43
10. General view from the southeast.

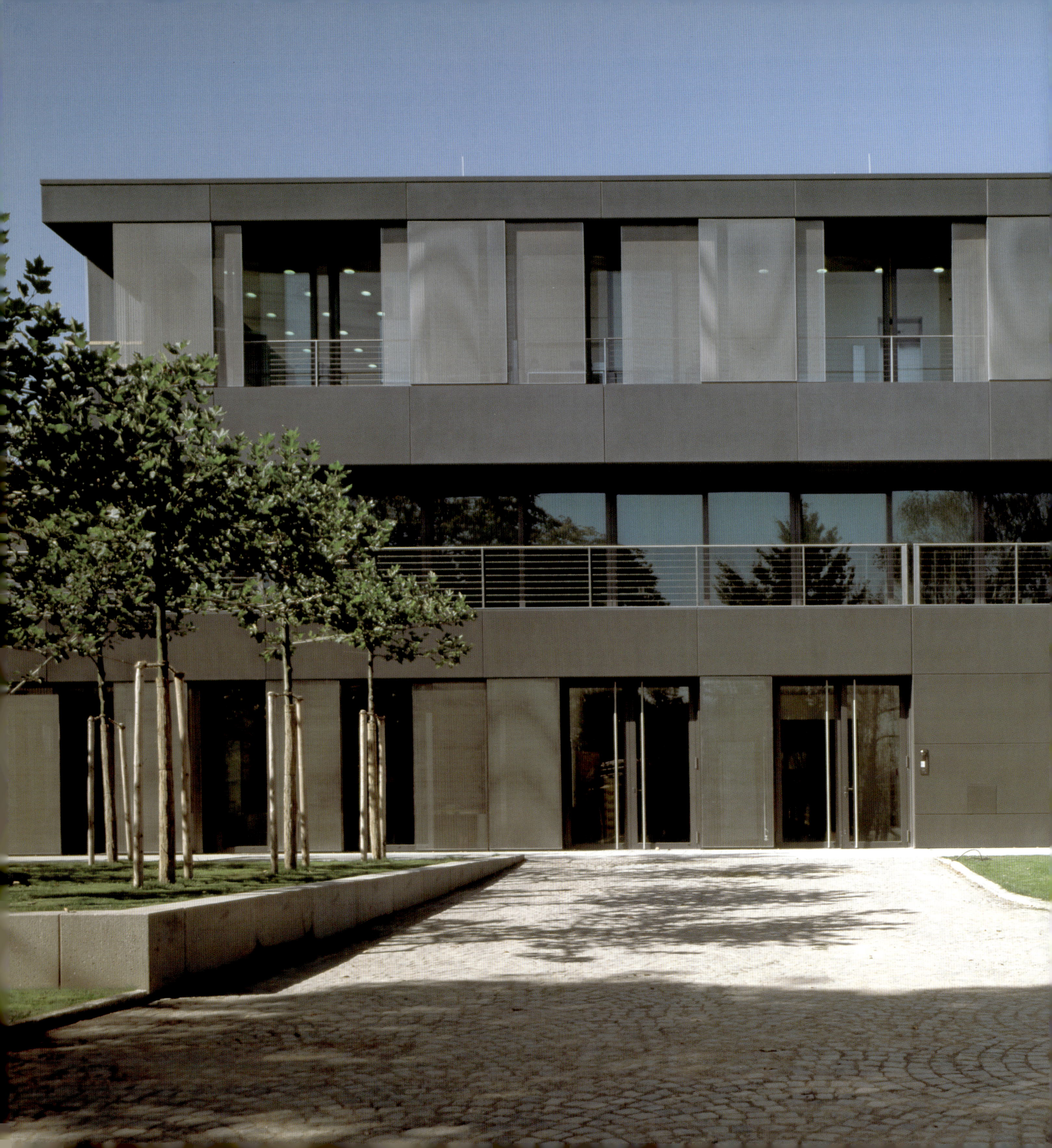

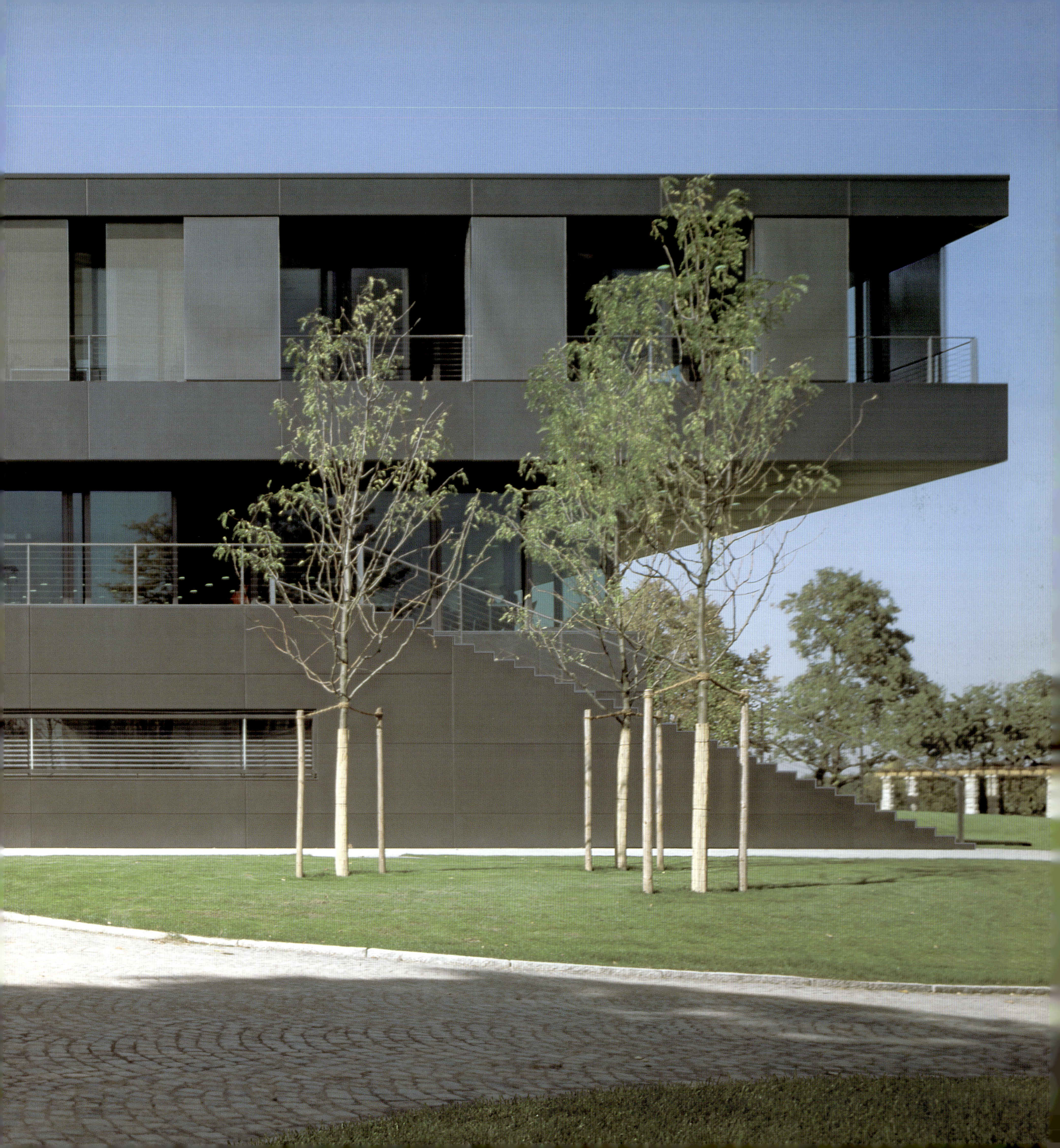

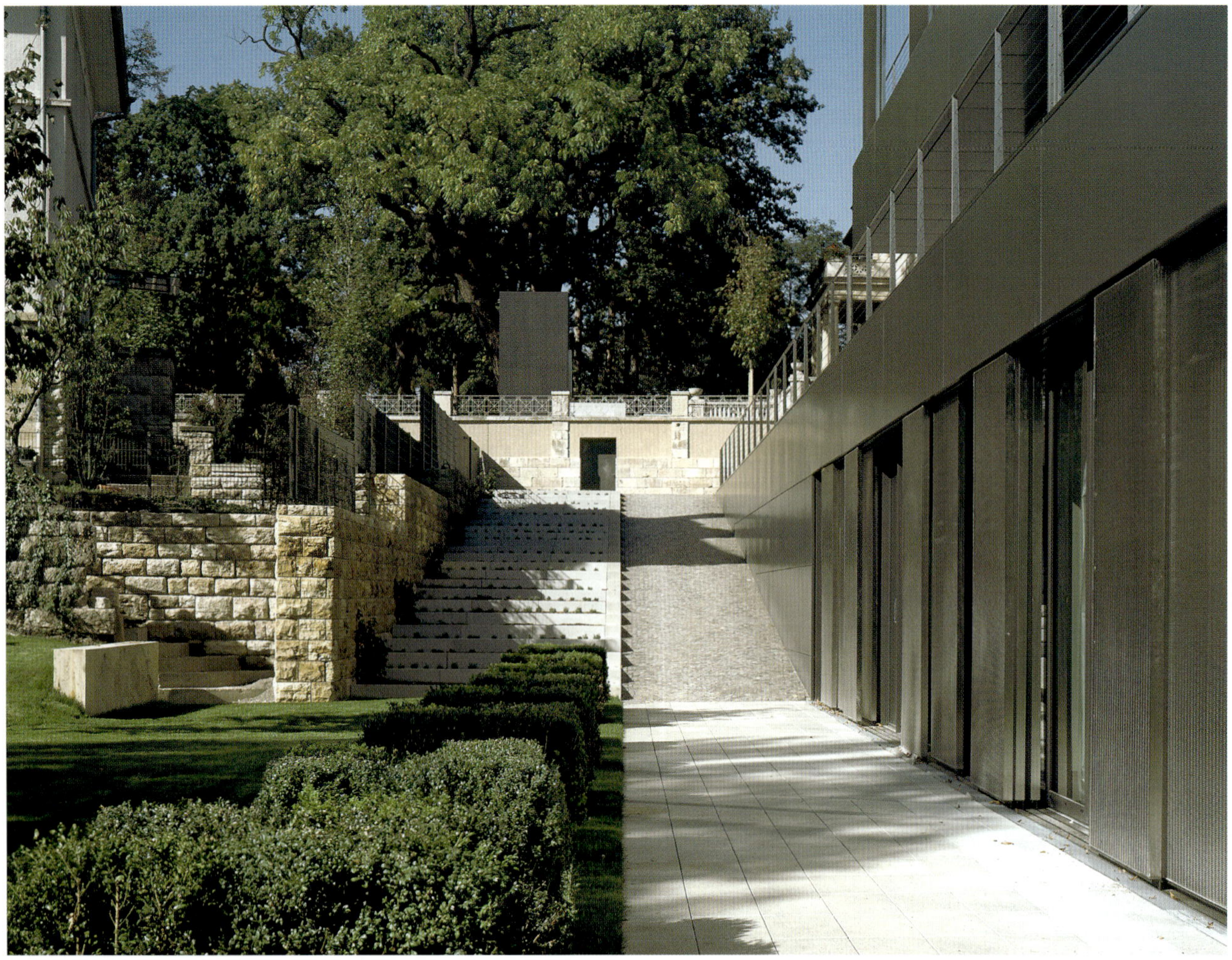

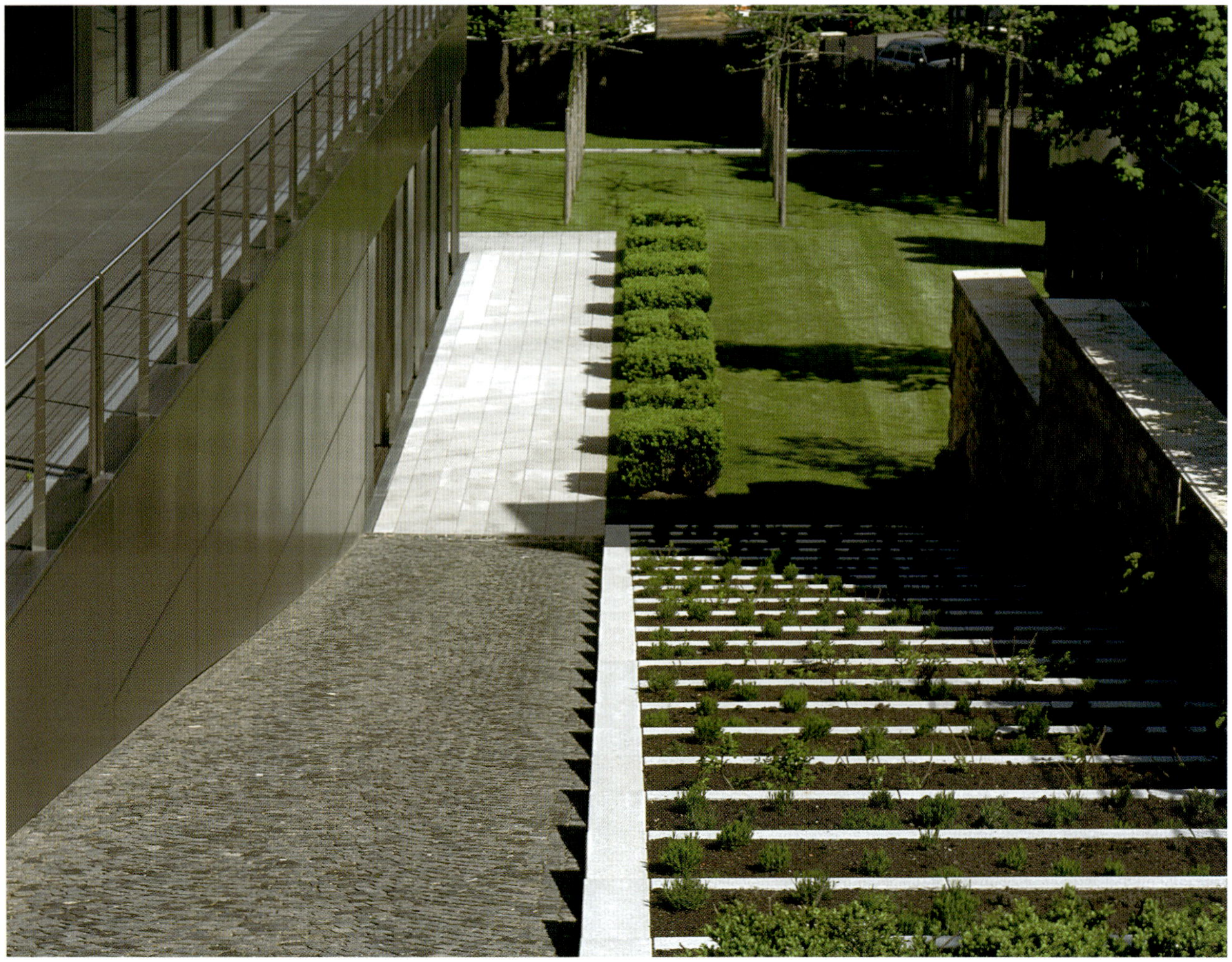

11, 12. Das landschaftsgärtnerisch gestaltete Dach der Zufahrtsrampe der Tiefgarage.
13. Der Platanenhain und die Nordostecke des Gebäudes.

11, 12. The landscaped roof of access ramp to the underground car park.
13. The plane-tree grove and the northeast corner of the building.

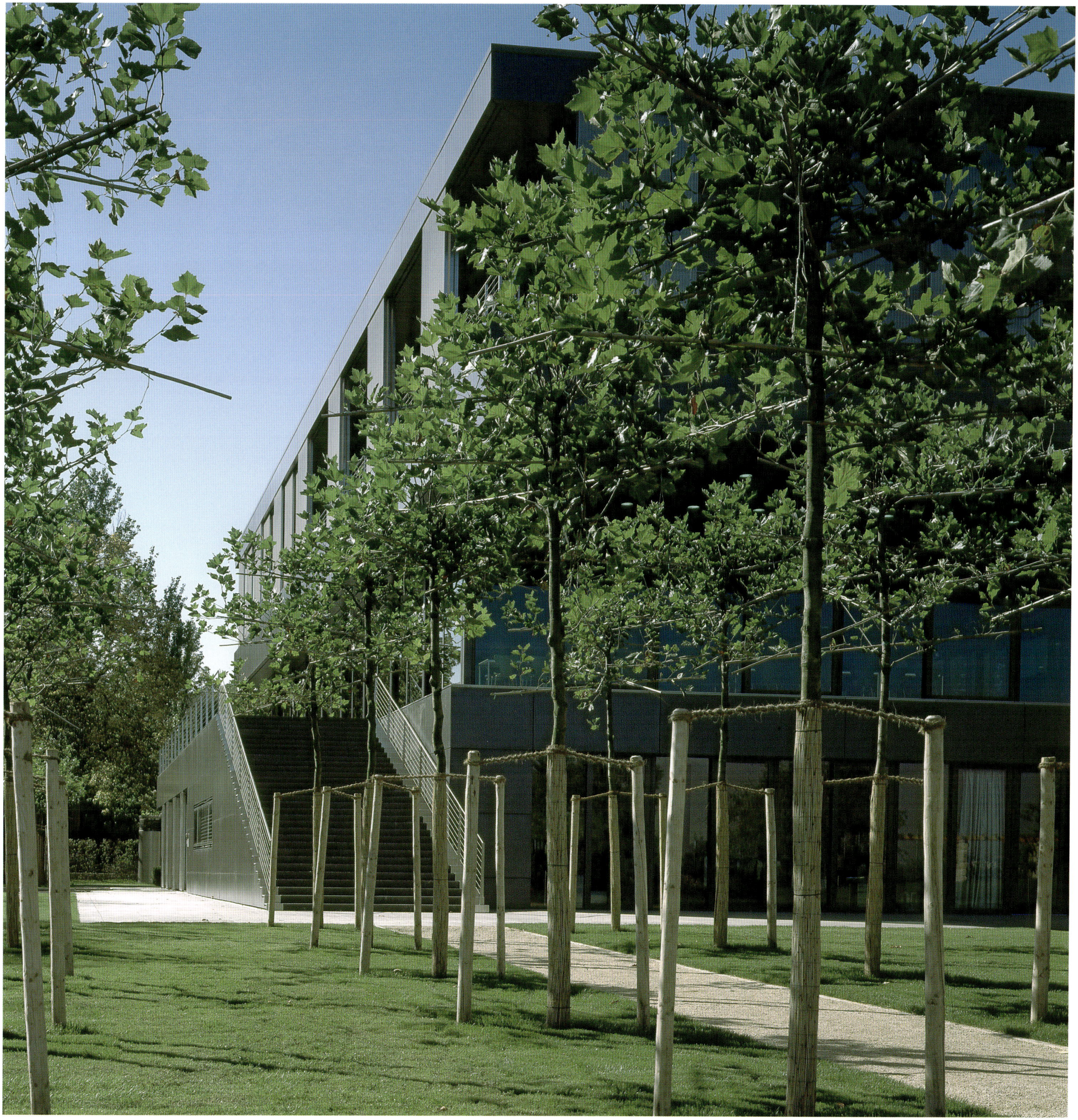

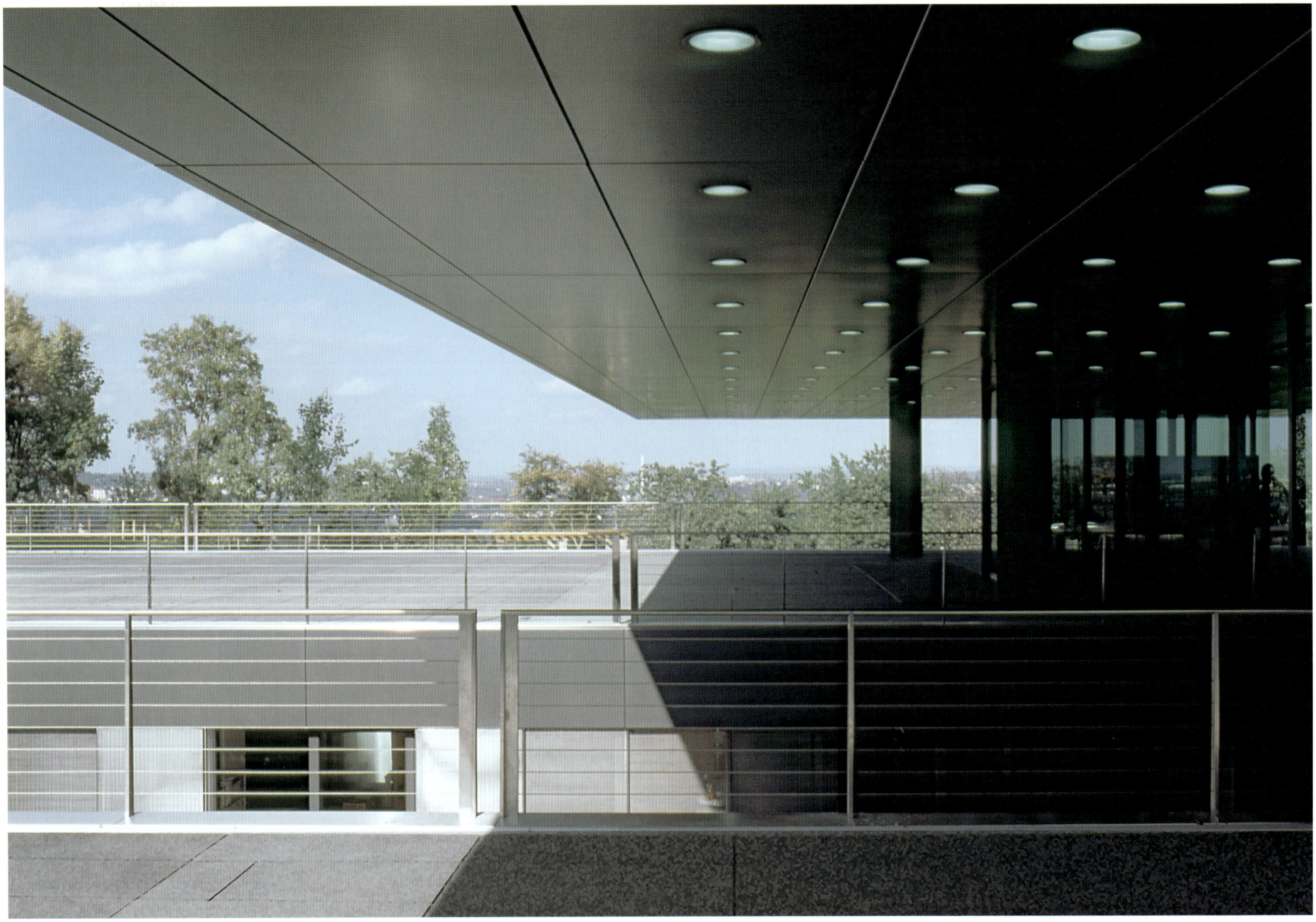

14. Blick über das Atrium auf den Eingangsbereich.
15, 16. Blick in die Eingangsebene mit der alle drei Hauptgeschosse verbindenden Treppenanlage.

14. View of the entrance area across the atrium.
15, 16. View of the entrance level with the stairs connecting all three main storeys.

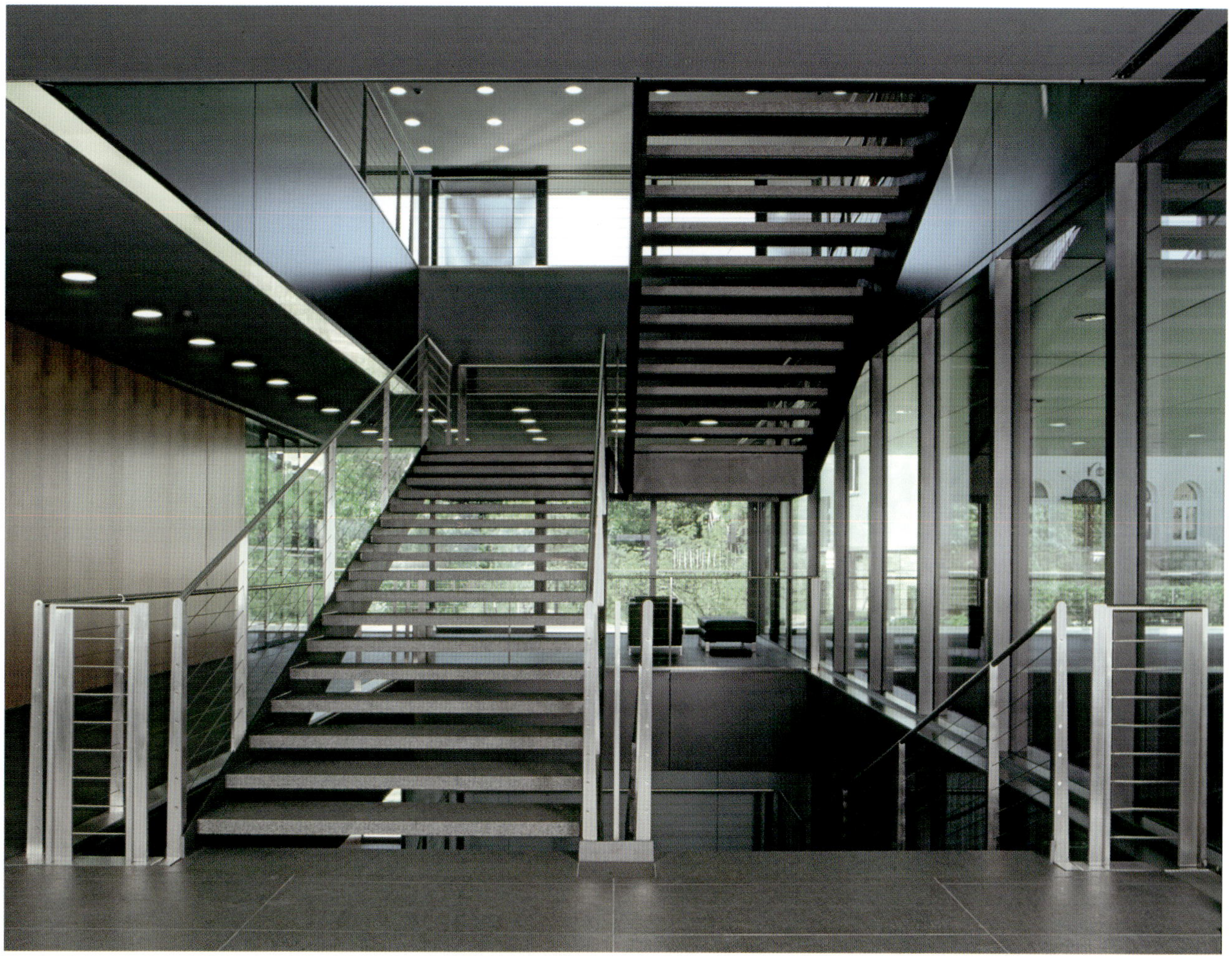

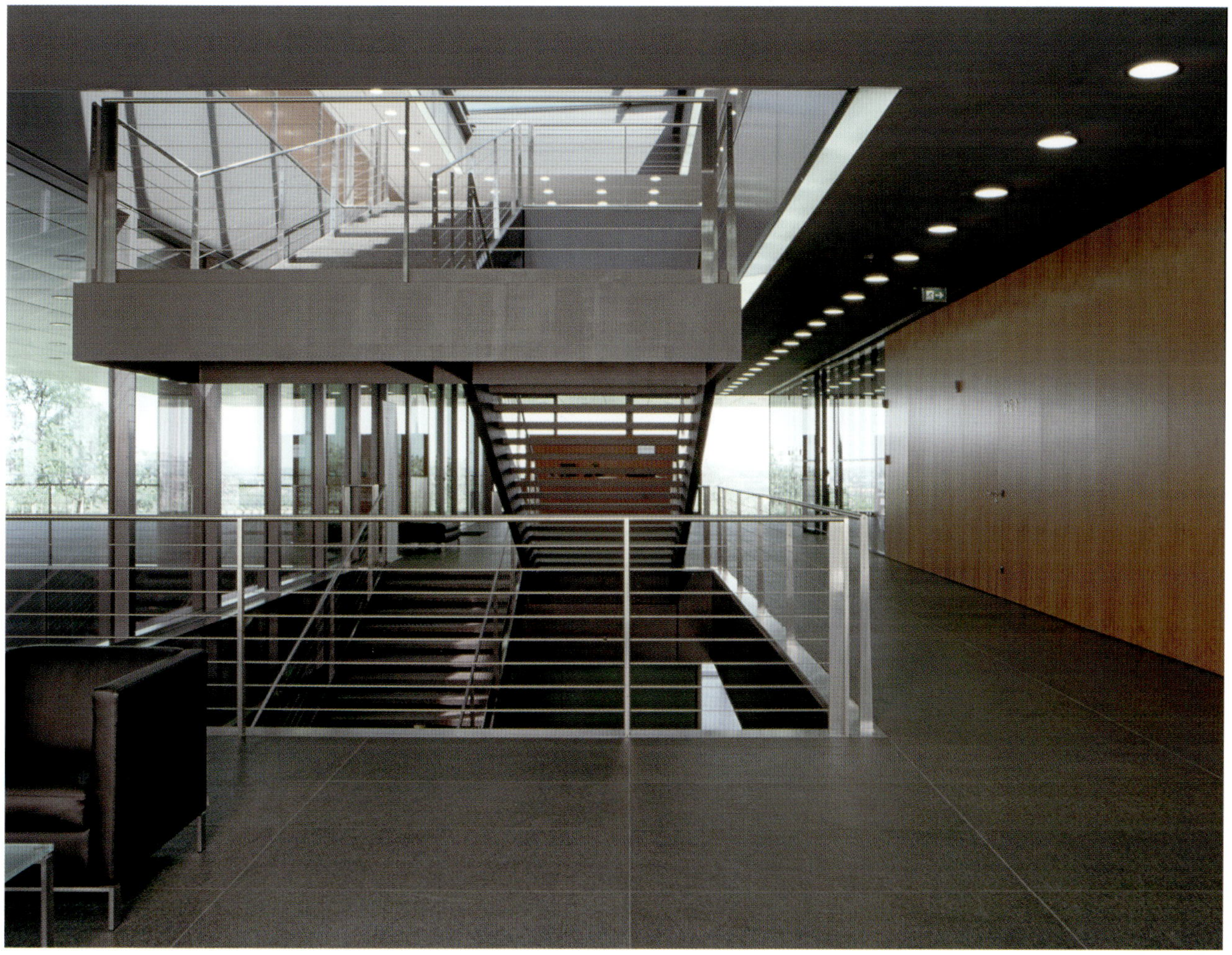

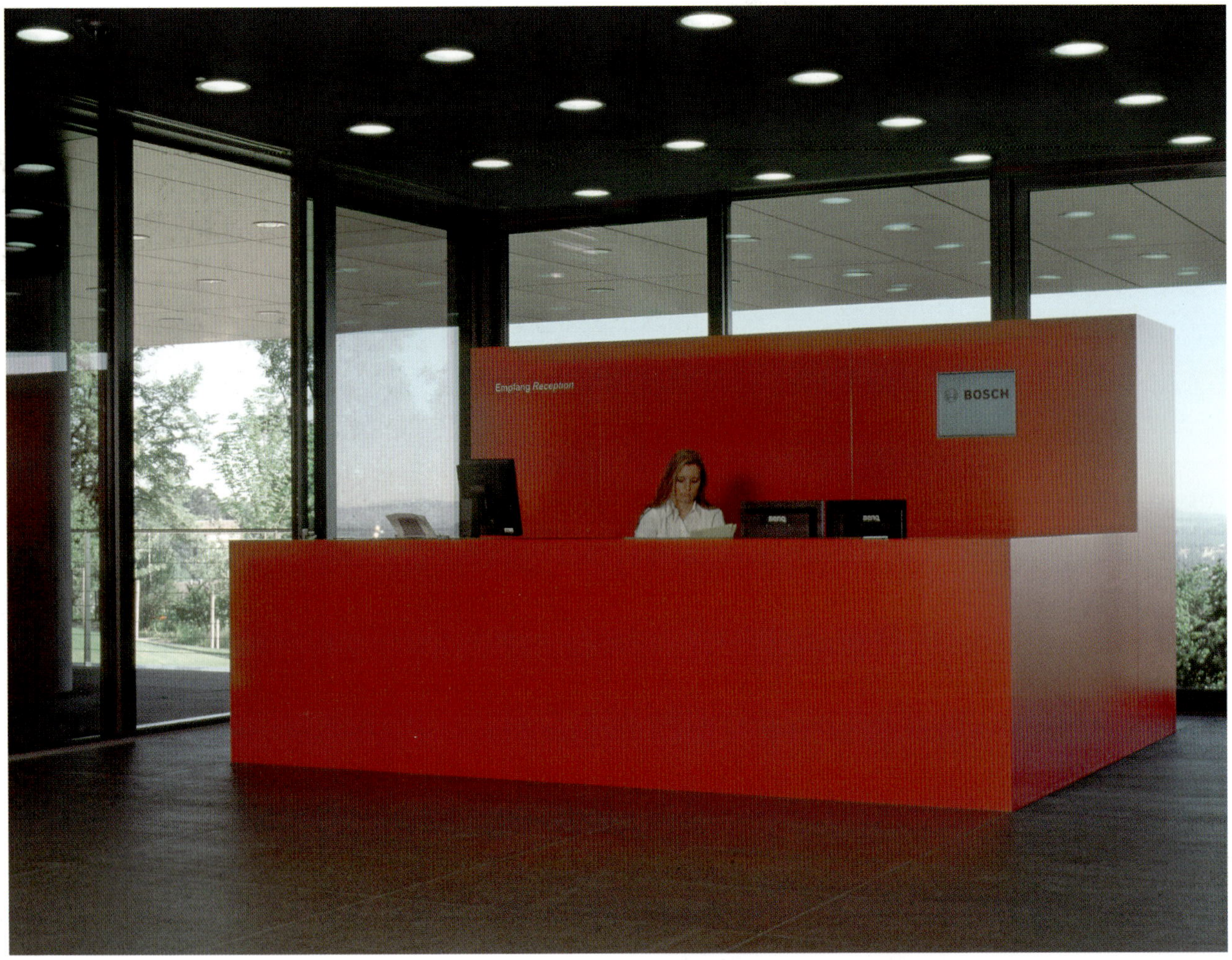

17. Der Empfangsbereich auf der Eingangsebene.
18. Das Gästekasino.
19. Der große Speisesaal.

17. The reception area at the entrance level.
18. The dining room for guests.
19. The large dining room.

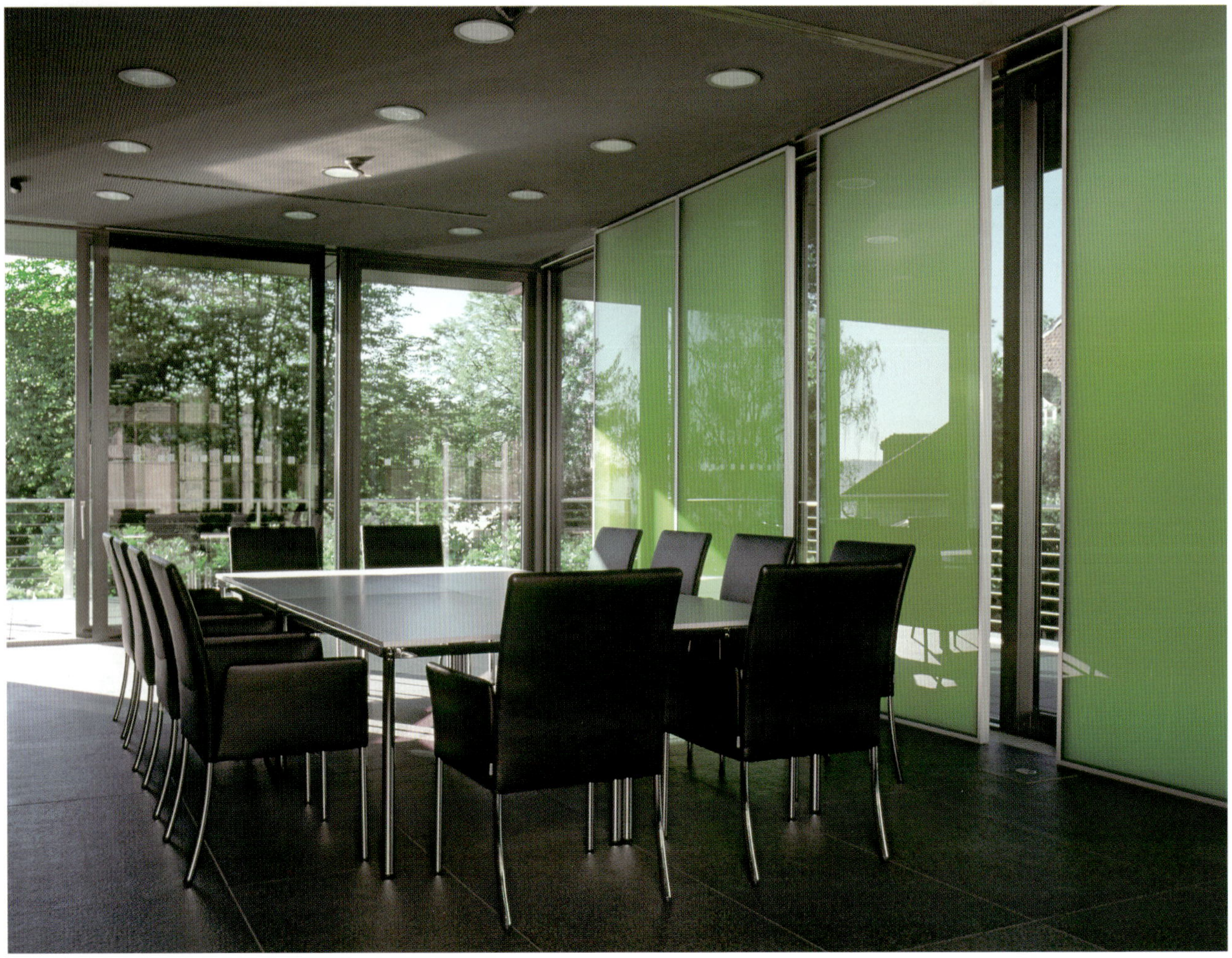

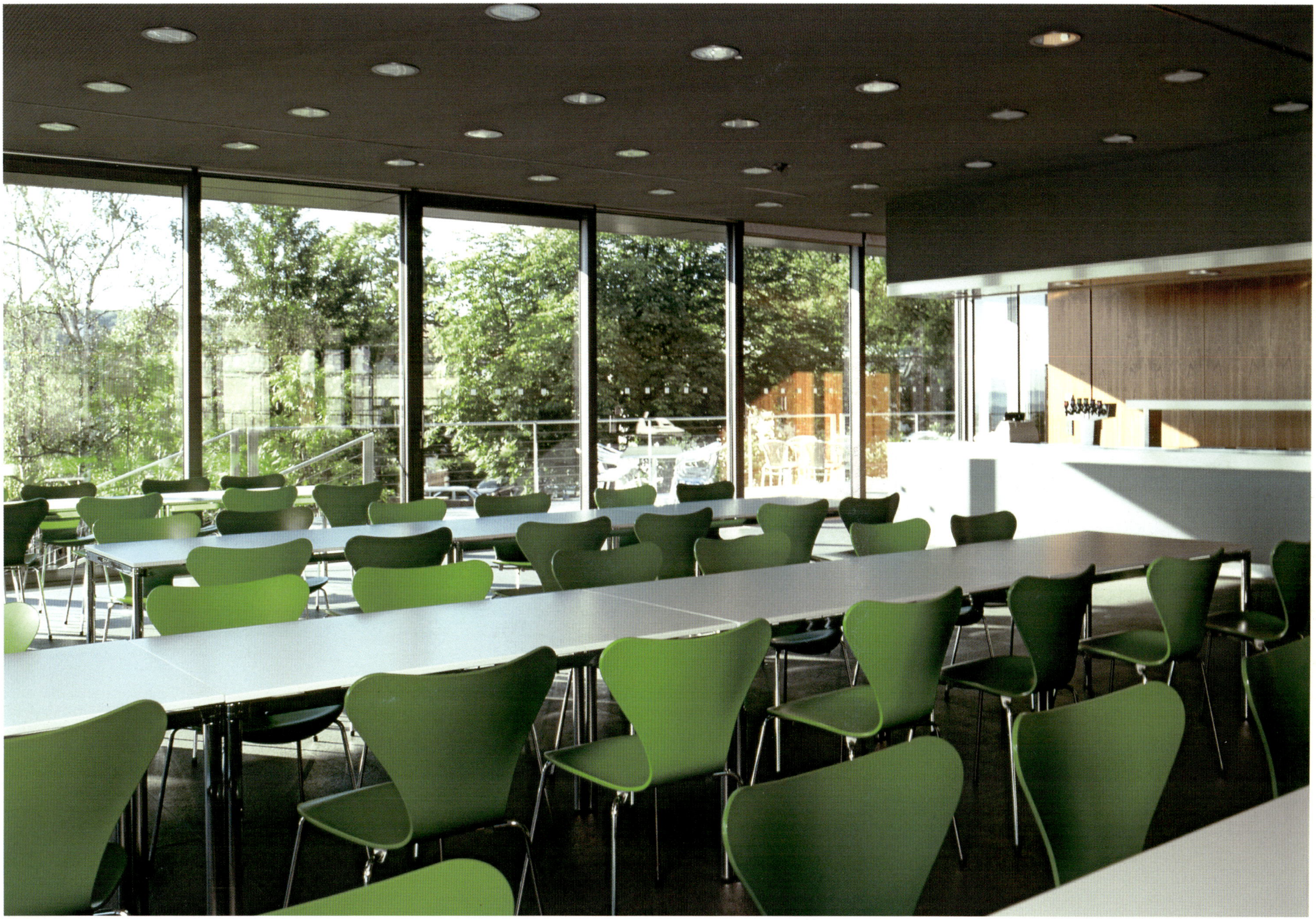

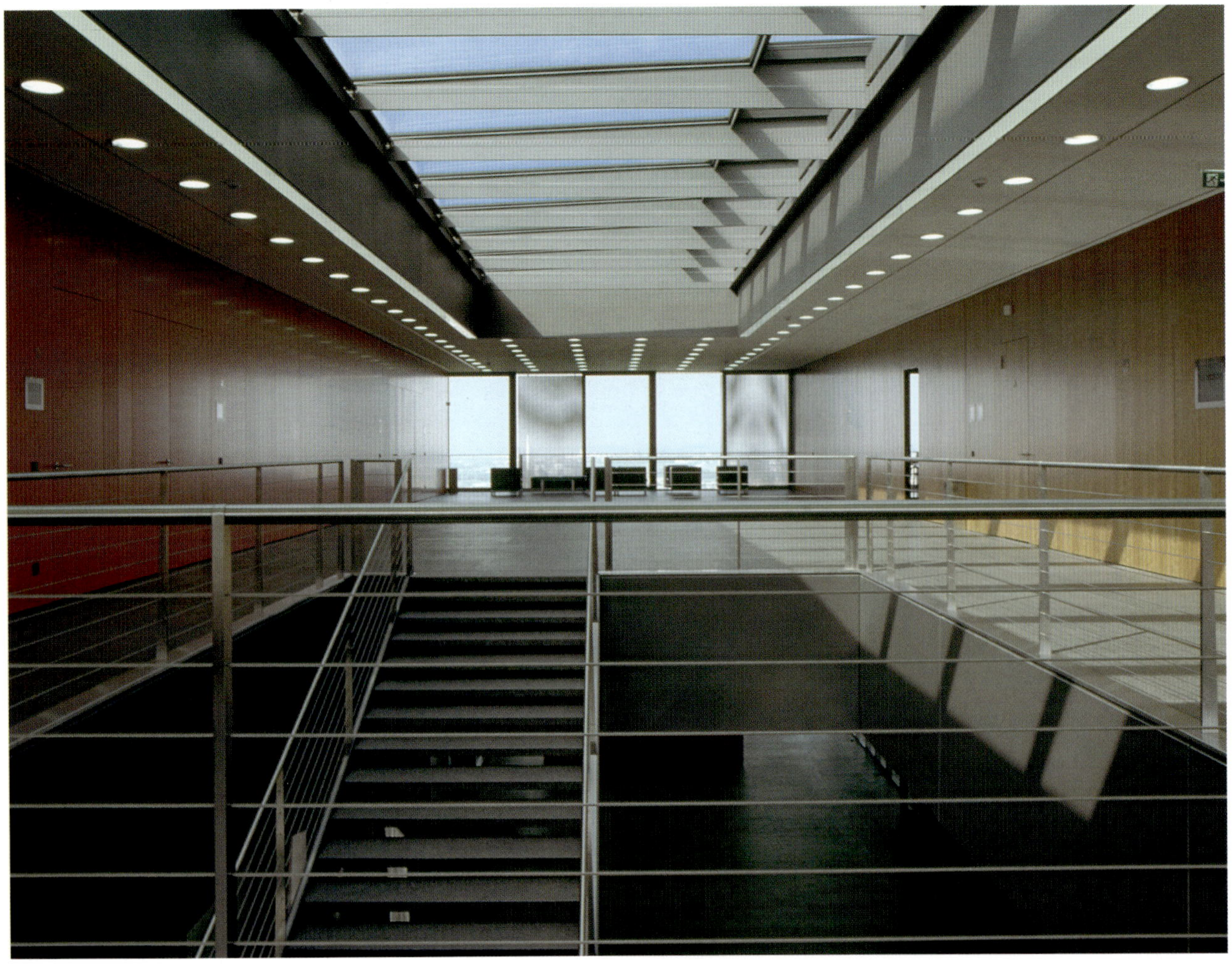

20, 21. Aufgang zur Seminarebene.
22. Der Foyerbereich der Seminarebene in Richtung Süden.

20, 21. Stairs to the seminar level.
22. The foyer area of the seminar level looking south.

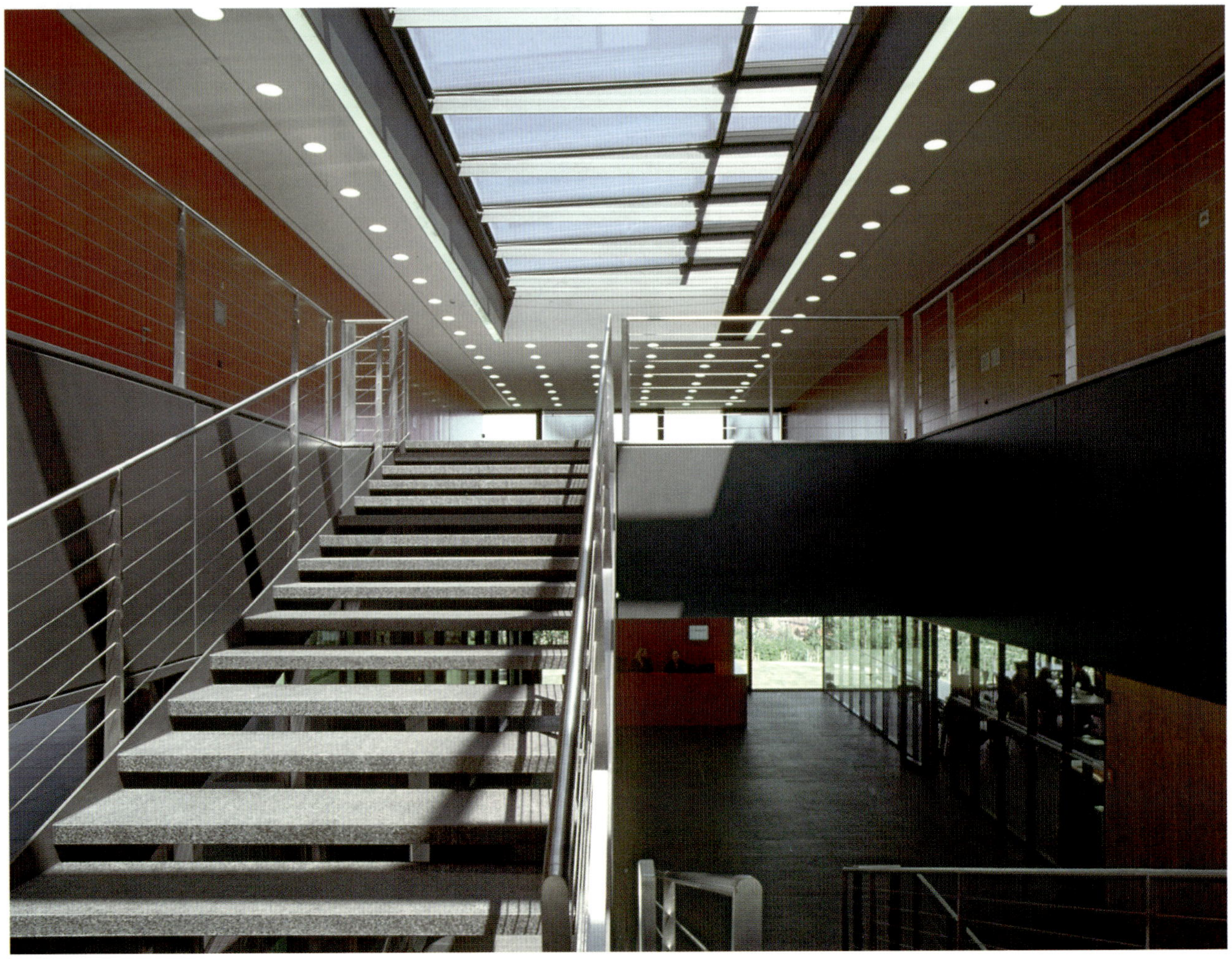

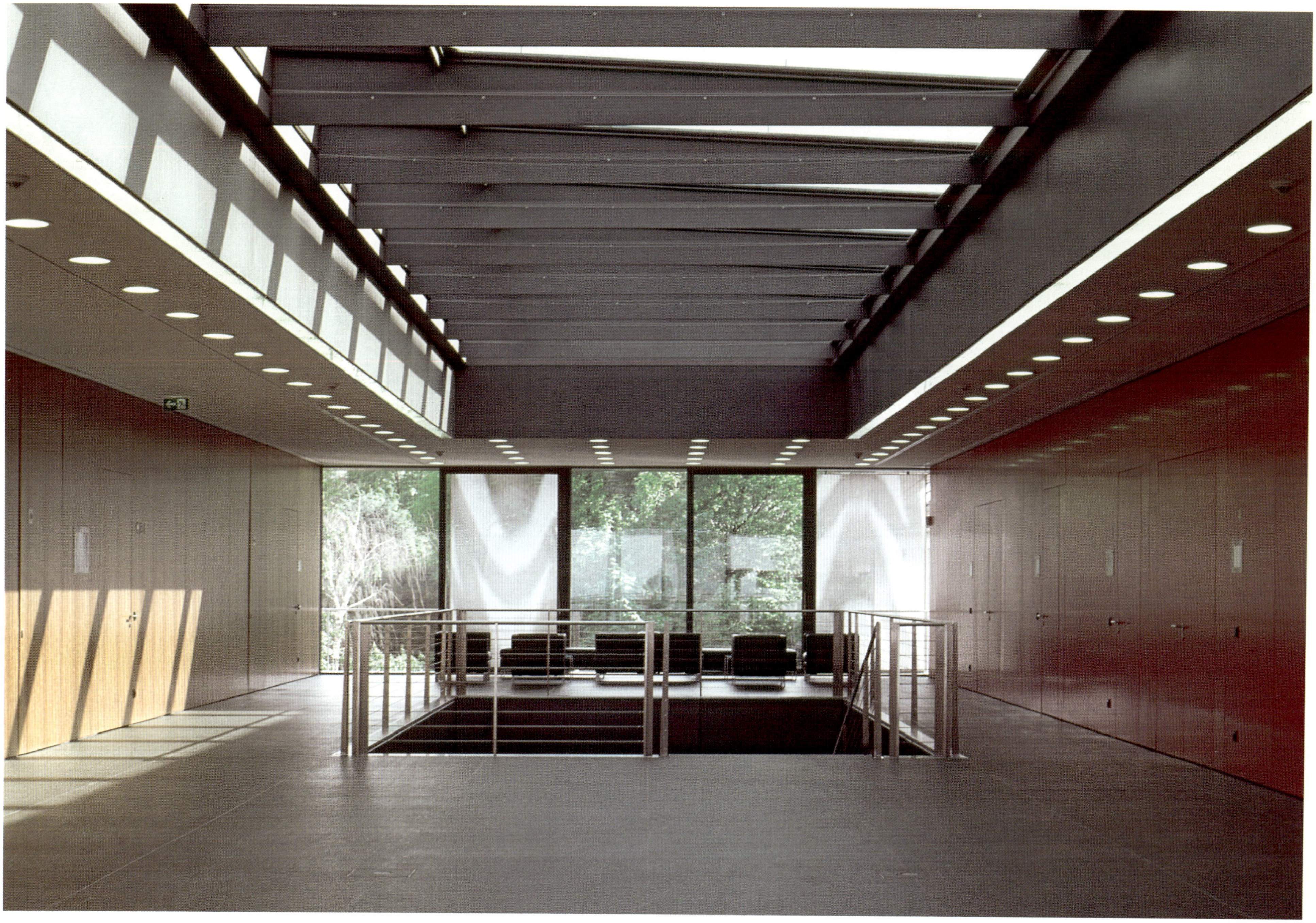

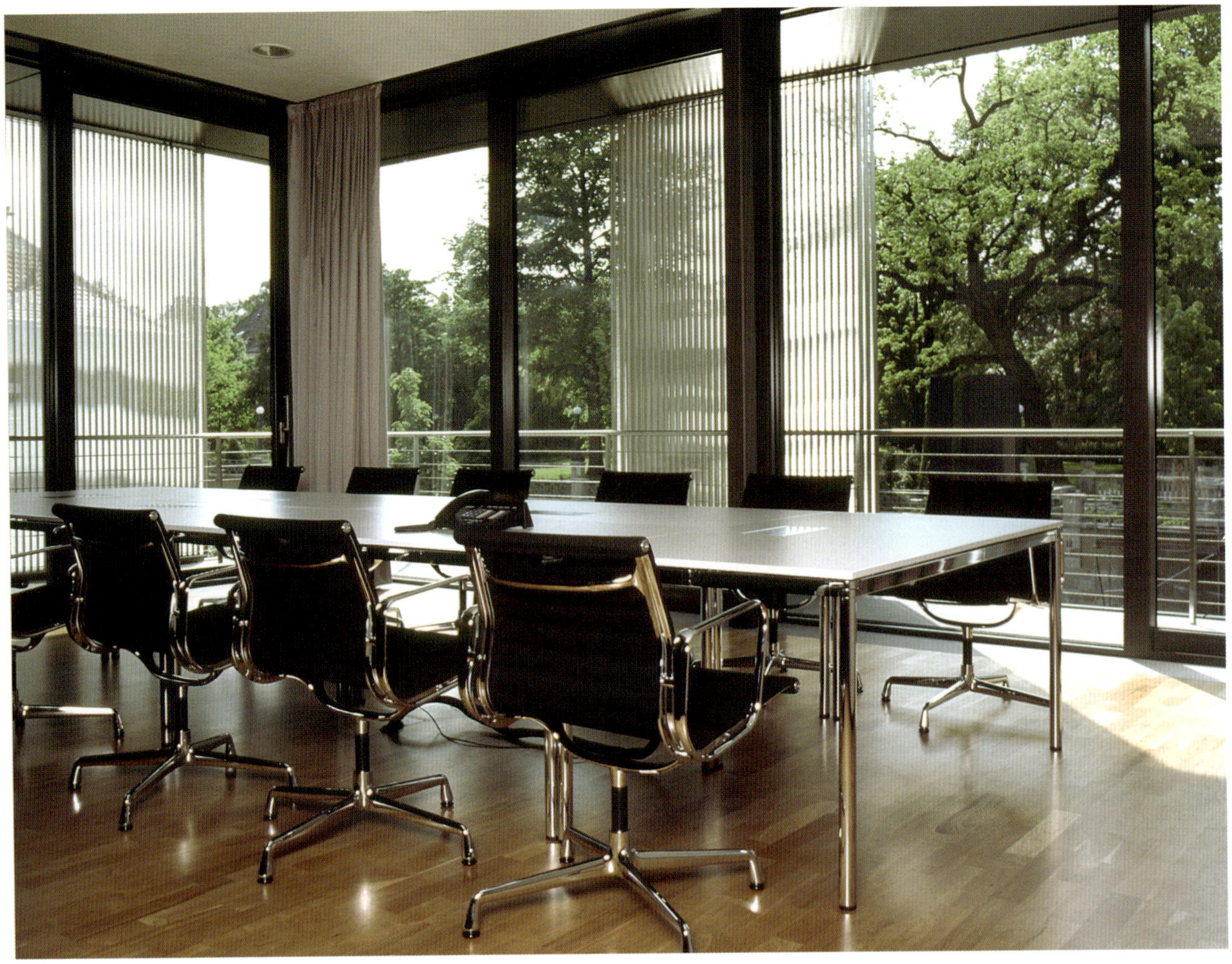

23. Seminarraum in der Südwestecke.
24. Seminarraum neben der Treppe.
25. Der große Seminarraum in der Nordostecke.

23. Seminar room in the southwest corner.
24. Seminar room next to the stairs.
25. The large seminar room in the northeast corner.

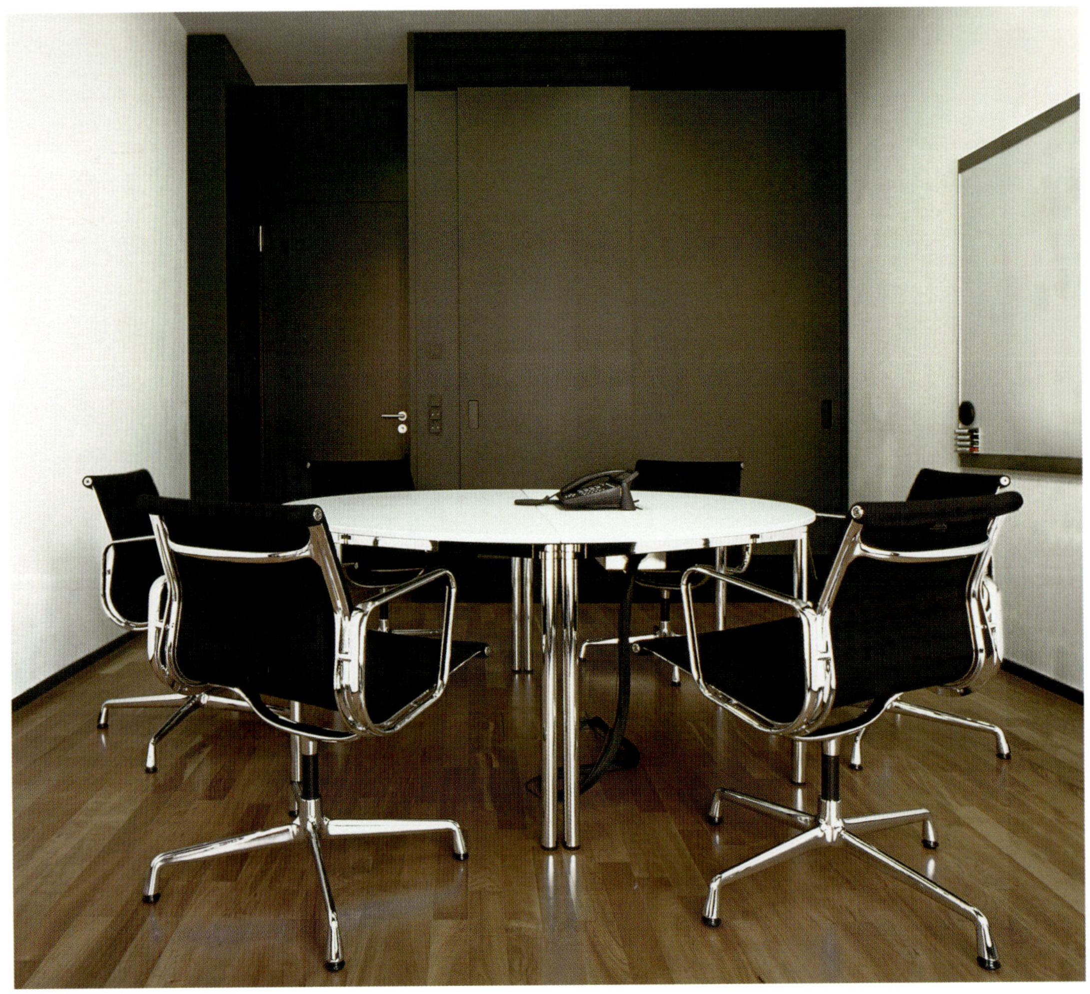

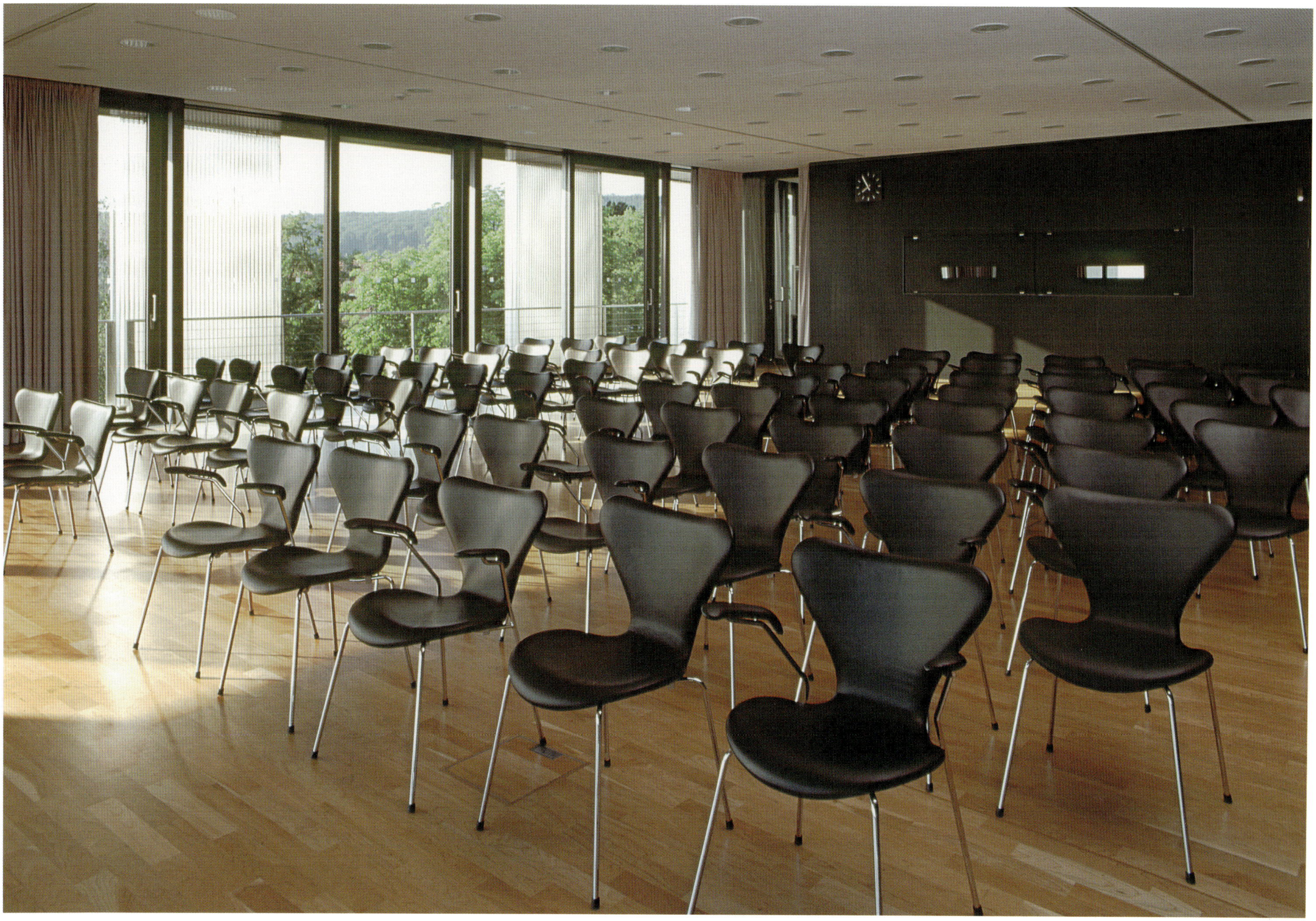

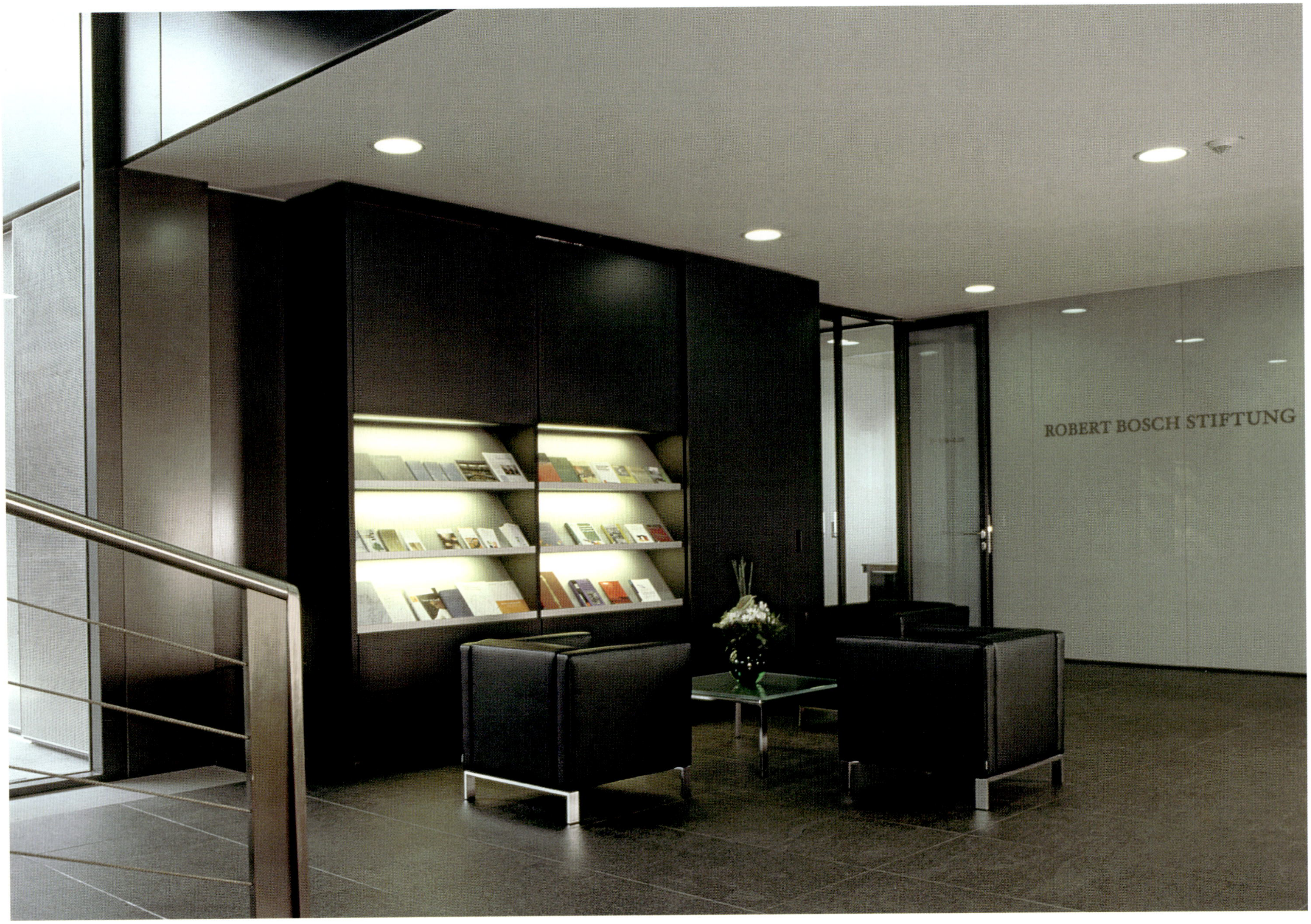
ROBERT BOSCH STIFTUNG

26. Empfangsbereich der Stiftungsebene.
27. Zugang zu den Büros der Stiftung nördlich des Atriums.
28. Zugang zu den Büros der Stiftung südlich des Atriums mit dem Regal der Stiftungsbibliothek.

26. Reception area at the level of the foundation's offices.
27. Access to the foundation's offices north of the atrium.
28. Access to the foundation's offices south of the atrium with the shelves of the foundation's library.

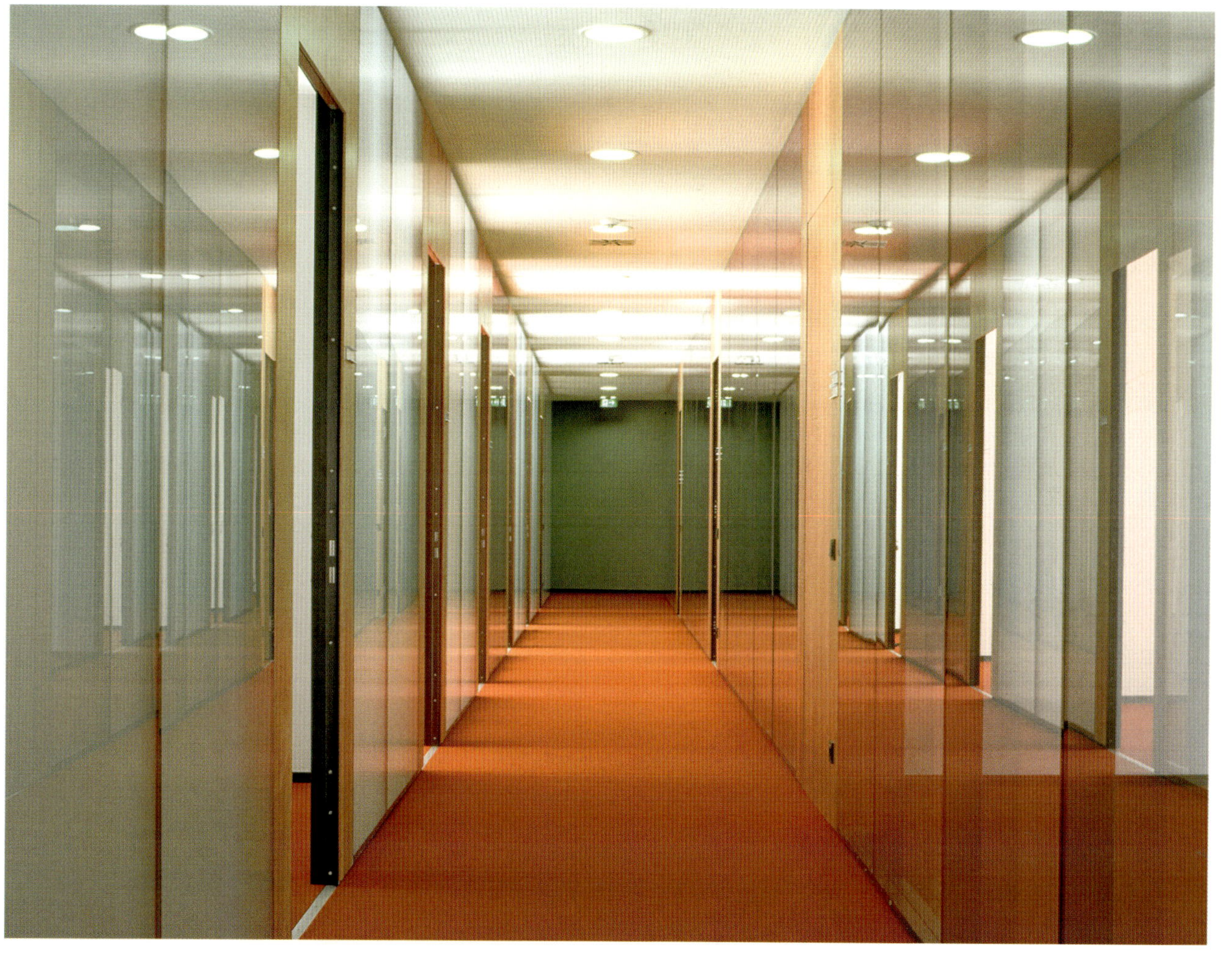

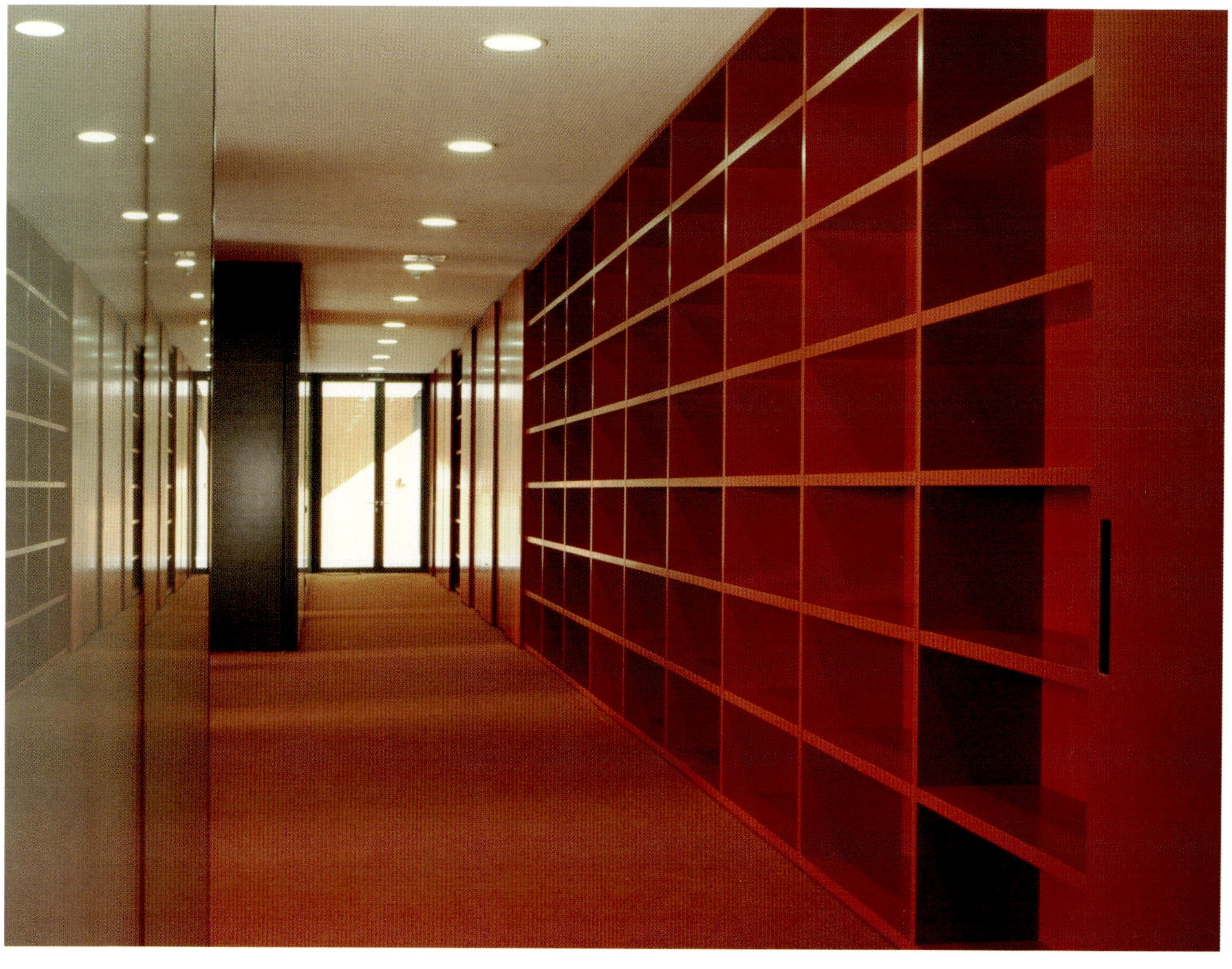

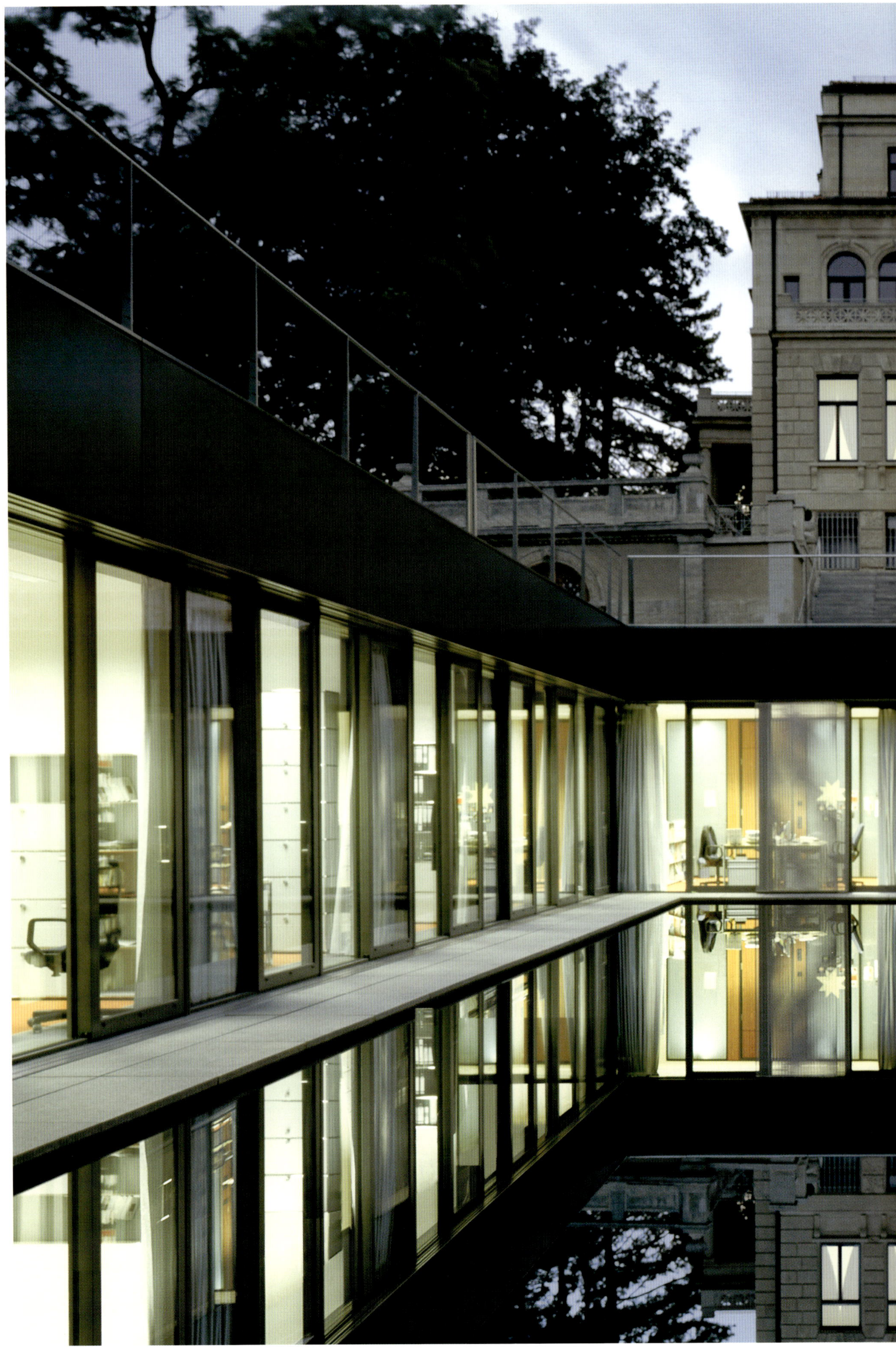

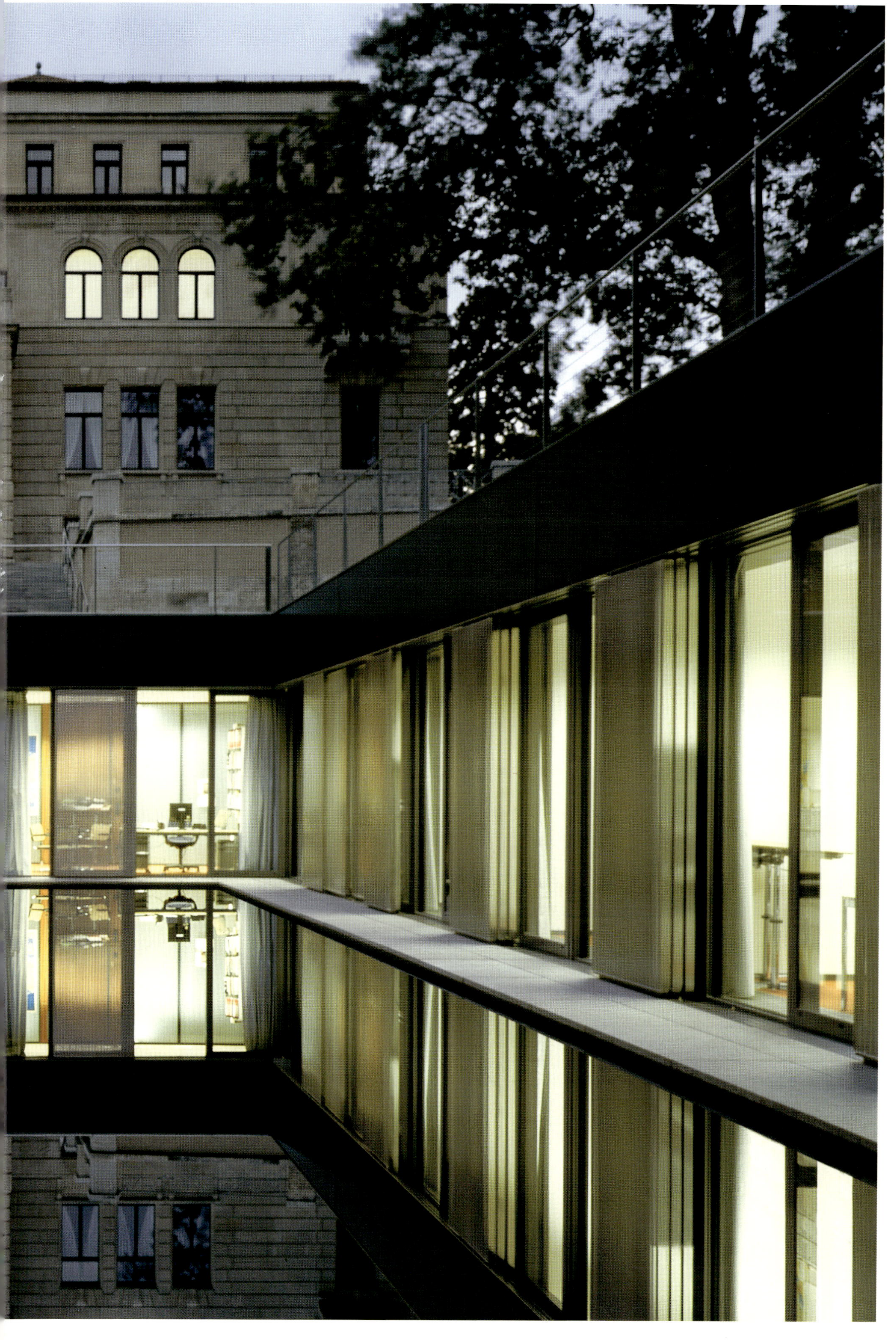

29. Blick über das Atrium auf die Villa bei Nacht.

29. View of the villa across the atrium at night.

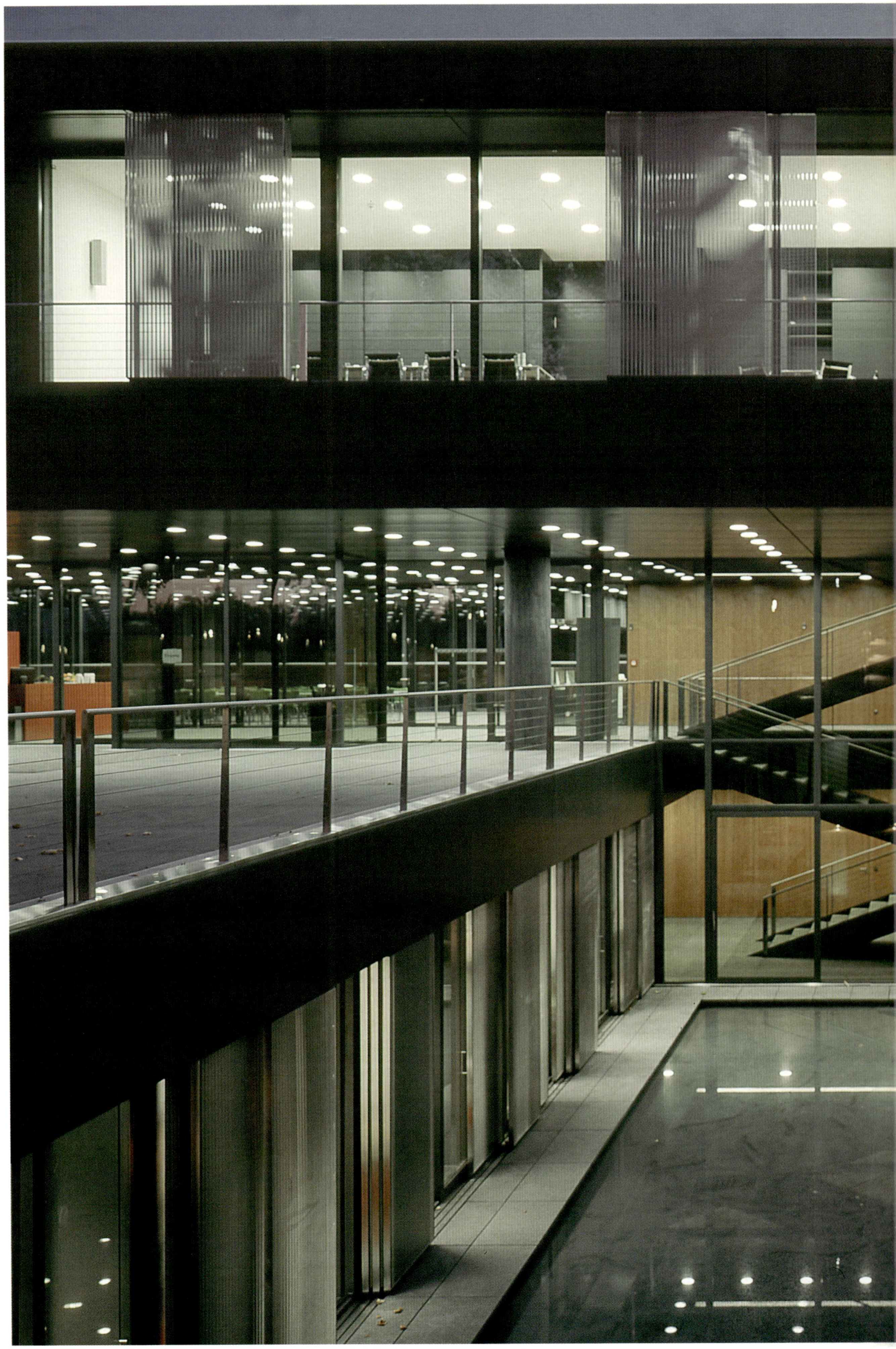

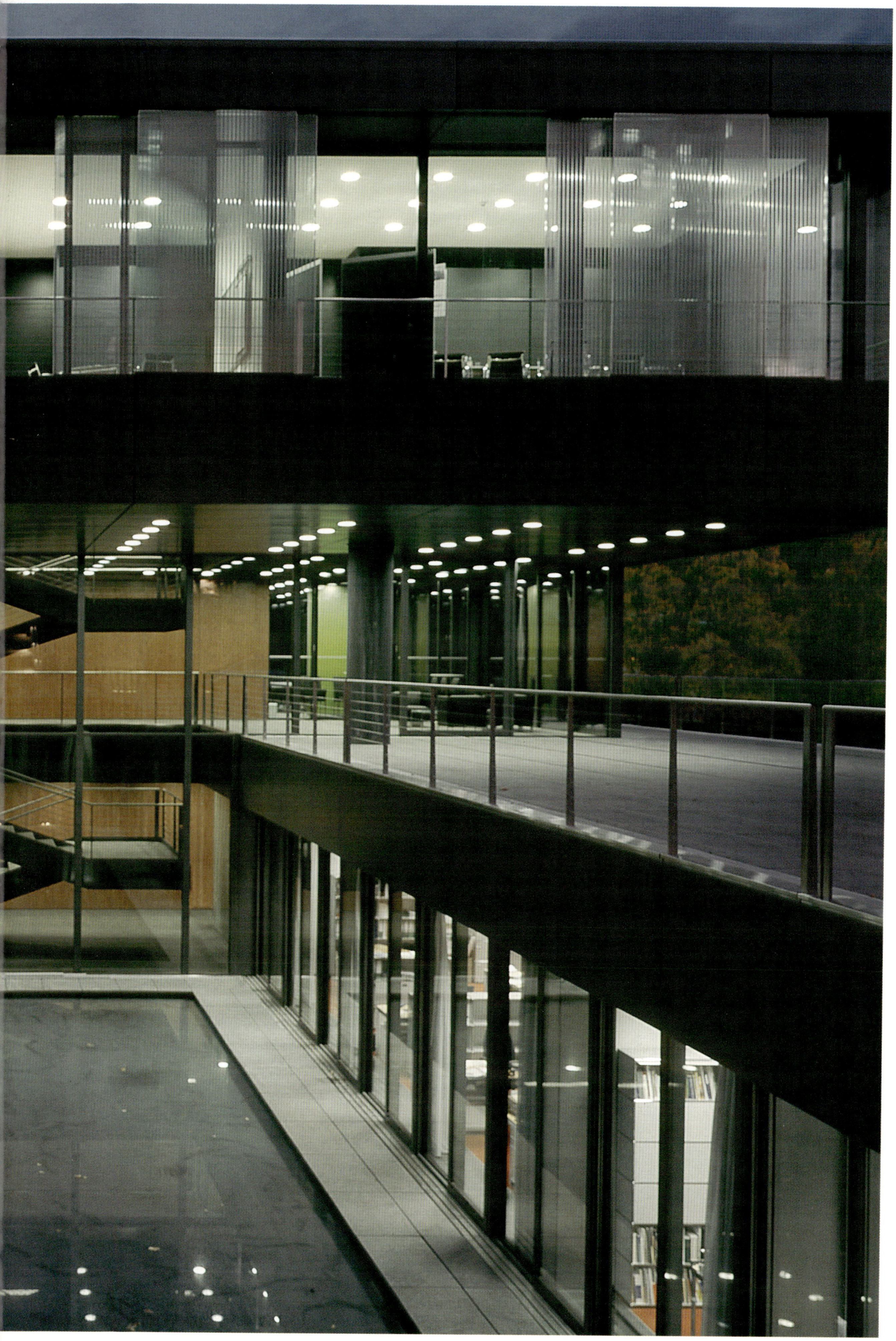

30. Detailansicht der Nordwestseite mit Atrium bei Nacht.

30. Detailed view of the northwest side with atrium at night.

Bosch Haus Heidehof
Heidehofstraße 31
70184 Stuttgart

Wettbewerb / Competition
2000

Bauzeit / Construction period
2002–2004

Bauherr / Client
Robert Bosch GmbH, Stuttgart

Architekt / Architect
Peter Kulka, Köln
Bearbeiter / Persons in charge: Peter Kulka, Jan Blanek, Sophia Pachiadakis, Monika Stallmann (Wettbewerb / competition); Peter Kulka, Henryk Urbanietz, Konstantin Pichler, Stephan Schönenbach, Werner Gronmayer (Objektplanung / building design)

Landschaftsarchitekt / Landscape architect
Peter Kluska, München / Munich
Bearbeiter / Persons in charge: Peter Kluska, Jürgen Hertlein, Christoph Kluska

Skulptur im Garten / Sculpture in the garden
Bernar Venet, Le Muy

Gesamtleitung / General management
Robert Bosch GmbH, Zentralabteilung Anlagen und Bauten, Gerlingen-Schillerhöhe
Leiter / Director: Christian Deplewski
Projektleiter / Project manager: Rudolf Hauser
Projektarchitektin / Project architect: Nina Kenntner
Projektplaner / Project planners: Eberhard Benk, Thomas Birkle, Erich Conzem, Rudi Flattich, Regina Hoepfner, Rainer Müller, Rainer Osswald, Achim Rosar, Holger Schmückle, Armin Springer, Thomas Zittlau

Bauleitung / Site management
Harms & Partner, Köln / Stuttgart
Bearbeiter / Persons in charge: Klaus Weigel, Karin Pfau, Kisten Nepstad, Andreas Wolf, Holger Schmidt, Petar Begic

Planung der technischen Gebäudeausrüstung / Planning of the technical building equipment
Heinze Stockfisch Grabis & Partner, Hamburg
Bearbeiter / Persons in charge: Horst Weinert, Joachim Wurst, Roland Schmille, Wolfgang Jürgens, Kerstin Koblitz-Lenz, Peter Backhaus, Victor Carreiro

Bauleitung für die technische Gebäudeausrüstung / Site management for the technical building equipment
mürlepartner Zentrale GmbH, Pforzheim
Bearbeiter / Persons in charge: Markus Mürle, Steffen Bauernschmidt, Pforzheim

Tragwerksplanung / Structural engineering
Horz & Ladewig Ingenieurgesellschaft für Baukonstruktion mbH, Köln
Bearbeiter / Persons in charge: Gerhard Horz, Hans-Joachim Schulze, Willi Vossel, Wilhelm Synowzik

Prüfingenieur / Structural-engineering inspector
Prof. Dr.-Ing. Dieter Netzel, Stuttgart
Bearbeiter / Persons in charge: Dieter Netzel, Harald Barz

Fassadenberatung / Façade consulting
Fassadentechnik Planungsbüro Nord, Hamburg
Bearbeiter / Person in charge: Jürgen Kramp

Akustik und Bauphysik / Acoustics and structural physics
Graner + Partner Ingenieure, Bergisch Gladbach
Bearbeiter / Persons in charge: Klaus Menrath, Heribert Cramer

Baugrunduntersuchung / Soil analysis
Prof. Dr.-Ing. E. Vees Baugrundinstitut GmbH, Leinfelden-Echterdingen
Bearbeiter / Persons in charge: Edelbert Vees, Hans-Jörg Brehm

Tiefbau- und Entwässerungsplanung / Underground and drainage engineering
Schröter Ingenieurbüro, Leonberg
Bearbeiter / Person in charge: Martin Schröter

Baugrubensicherung / Excavation engineering
GG-Ingenieurgemeinschaft Grundbau GmbH, Augsburg
Bearbeiter / Person in charge: Dieter Wladarsch

Vermessung / Surveying
Vermessungsbüro Hils, Stuttgart
Bearbeiter / Persons in charge: Ulrike Scheufele, Andrea Schwendele, Gerhard Fritsch